# JERUSALÉM

# AIRTON ORTIZ

# JERUSALÉM

EDITORA RECORD
RIO DE JANEIRO • SÃO PAULO
2011

CIP-BRASIL. CATALOGAÇÃO-NA-FONTE
SINDICATO NACIONAL DOS EDITORES DE LIVROS, RJ

O89j  Ortiz, Airton, 1954-
       Jerusalém / Airton Ortiz. – Rio de Janeiro: Record, 2011.

       ISBN 978-85-01-09523-7

       1. Ortiz, Airton, 1954- - Viagens – Jerusalém. 2. Jerusalém – Descrições e viagens. 3. Jerusalém – Usos e costumes. 4. Crônica brasileira. I. Título.

11-4826
                                           CDD: 869.98
                                           CDU: 821.134.3(81)-8

Copyright © by Airton Ortiz, 2011.

Capa: Marcelo Martinez

Texto revisado segundo o novo Acordo Ortográfico da Língua Portuguesa

Direitos exclusivos desta edição reservados pela
EDITORA RECORD LTDA.
Rua Argentina 171 – 20921-380 – Rio de Janeiro, RJ – Tel.: 2585-2000

Impresso no Brasil

ISBN 978-85-01-09523-7

Seja um leitor preferencial Record.
Cadastre-se e receba informações sobre
nossos lançamentos e nossas promoções.

EDITORA AFILIADA

Atendimento e venda direta ao leitor:
mdireto@record.com.br ou (21) 2585-2002.

*A primeira descoberta que se faz na Terra Santa
é a de que de santo ninguém tem nada.
Nem mesmo os deuses.*

Dedico estas crônicas ao politeísmo,
principal característica cultural da Humanidade.

# Sumário

1. Santas Terras .................................................. 11
2. Jericó histórica ............................................... 13
3. Jericó bíblica ................................................. 16
4. Jericó moderna ............................................... 20
5. O barbeiro de Jerusalém ................................... 24
6. Hebron bíblica ............................................... 28
7. Hebron moderna ............................................ 35
8. Aeroporto Internacional Ben-Gurion .................... 42
9. Tumba do rei Davi .......................................... 47
10. Mercado de Jerusalém ...................................... 52
11. Cidade de Davi .............................................. 55
12. Hotel Hashimi ............................................... 62
13. Mercado Mahane Yehuda ................................. 69
14. Templo de Salomão ......................................... 72
15. Ma'ale Adumim ............................................. 79
16. Muro das Lamentações ..................................... 82
17. Bairro Judeu ................................................. 86
18. Museu Torre de Davi ....................................... 90

19. Monte Sião .......... 95
20. Santuário do Livro .......... 98
21. Sinagoga Ben Zakai .......... 103
22. Qumran .......... 106
23. Basílica de Santa Ana .......... 110
24. Nazaré .......... 115
25. O Muro de Israel .......... 120
26. Belém .......... 126
27. Galileia .......... 132
28. Via-Sacra .......... 136
29. Basílica do Santo Sepulcro .......... 142
30. Bairro Cristão .......... 149
31. Hotel Glória .......... 152
32. Bairro Armênio .......... 155
33. Vale de Josafá .......... 158
34. Túmulo da Virgem Maria .......... 161
35. Monte das Oliveiras .......... 164
36. Bairro Muçulmano .......... 169
37. Haram Ash-Sharif .......... 176
38. Mesquita de Omar .......... 179
39. Mesquita Al-Aqsa .......... 183
40. As portas de Jerusalém .......... 187

# 1

## *Santas Terras*

ONDE EU ESTAVA na última vez que nos encontramos? Ah, sim, em Havana! Que saudades do Cohiba, da cubalibre, da rumba e das filhas de Oxum passeando no Malecón nos finais de tarde. Quando elas desfilavam entre a praia e o sol provocavam eclipses na areia. Belos dias, aquele verão. Alguns de vocês me escreveram dizendo que andei exagerando por lá.

Exagero!

Está certo, até pode ser: Havana é a cidade das tentações. E são tantas, as tentações. Não há como resistir. Então, para buscar um pouco de paz, nada melhor do que um pulo até Jerusalém. Melhor: um salto. Um salto da profana Havana dos Castros à sagrada Jerusalém dos castos.

Jerusalém!

Jerusalém endeusada.

Na Terra Santa também há tentações. Mas dá pra resistir. Jesus, pelo menos, resistiu. Quarenta dias e quarenta noites. Oh, pai! E eu, resistirei? Há certa distância entre o nazareno e este gaúcho, mas não custa tentar.

Quem sabe não consigo algo melhor em vez de ficar me lamentando? O deus hebreu ainda mora por lá, ali no outro lado do Muro. Que tal uma mãozinha? Está bem: eu dou a mão.

Maomé foi ao encontro de Alá a partir de Jerusalém. Com tantas divindades pelas esquinas, a cidade é o local ideal para este pecador se redimir.

E como a única maneira de saber se conseguiremos resistir a uma tentação é expondo-se a ela, então vamos lá.

Venha! Não tenha medo.

Estas crônicas mostram alguns dos momentos interessantes que passei em Jerusalém nas cinco vezes em que estive na cidade, a última fugindo dos conflitos de rua no Cairo, quando o presidente do Egito se viu forçado a renunciar.

Mas Jerusalém não se explica por si só; ela é complexa demais para essa tarefa. Para compreendê-la é preciso conhecer algumas cidades vizinhas.

Pé na estrada.

Uma vez mais.

# 2

## *Jericó histórica*

QUE TAL COMEÇARMOS pelo começo, pelo começo da civilização?

Jericó é a mais antiga das cidades existentes no Mundo. Está no Crescente Fértil, região onde há mais de dez mil anos deixamos de ser nômades para nos tornarmos sedentários. O que não foi grande coisa, convenhamos.

Mas isso a deixou famosa.

Nos dias atuais, é o que importa.

Trocar a coleta de cereais silvestres e a caça às gazelas selvagens na vastidão das planícies pelos supermercados e os condomínios de apartamentos, essas necrópoles onde nos sepultamos vivos, foi o primeiro e até hoje maior erro do *Homo sapiens sapiens*.

Mas não pararam por aí, esses molengas.

Criaram raízes, de tanto ficarem parados.

Inventaram a agricultura e domesticaram os primeiros animais. Lá pelo ano 8500 a.C. já plantavam trigo, cevada, ervilha e azeitona e criavam ovelhas e cabras. Por volta de 6000 a.C. domesticaram vacas e porcos.

Em poucos séculos de "progresso" tinham atendidas as necessidades econômicas básicas da Humanidade: habitação, carboidratos, proteínas, gordura, roupas, tração e transporte. Tudo, tudo ali, à mão de semear.

Faltavam apenas as guerras.

Que teriam início com o surgimento das religiões.

Os lavradores começaram a produzir além do que podiam comer. A mão de obra liberada criou a indústria (implementos agrícolas rudimentares, tipo uma lasca de osso amarrada na ponta de um pau, usado como foice), o comércio (escambo) e uma espécie de burocrata, encarregado de administrar os estoques.

Logo, um sujeito mais esperto passou a comandar os outros.

Reis, sacerdotes e ditadores foram só uma consequência.

A população multiplicou, as mulheres não precisavam esperar que o filho mais novo caminhasse sozinho para ter outro bebê. De filho em filho e de safra em safra os excedentes foram se acumulando. A riqueza gerada resultou nas grandes metrópoles, nos engarrafamentos gigantescos e no horário político na tevê.

Mas, vá lá. Errar é humano.

A desculpa é boa e vale desde aquela época.

Mas não os perdoo é por terem inventado o trabalho. Não fossem esses ancestrais indolentes, com preguiça de continuar coletando, caçando e pescando mundo afora, livres como o vento a correr pelas savanas, hoje não precisaríamos bater ponto nem levar bronca do chefe; muito menos pagar os altíssimos juros do cheque especial.

Deixa pra lá.

Cidade tão antiga, viu muitas guerras, uma sucessão de desgraças. Mas viu também coisas boas, embora essas sejam mais raras. Vamos ao sítio arqueológico, onde estão os vestígios da antiga metrópole, que a deixou tão famosa.

Há uma escadaria, a escadaria mais antiga do mundo, por onde se chega ao topo de um monte de terra todo revirado. Ele encobre os restos acumulados de milhares de anos de casas em ruínas, palácios, templos e túmulos.

Foi onde nos tornamos vizinhos. Foi onde passamos a viver como sociedade e não mais tribos formadas por clãs ferozes, uivando como animais uns para os outros, sempre que se encontravam nas planícies disputando uma caça. Deixamos de viver apenas para comer e procriar.

Em Jericó nos humanizamos.

Em Jericó a complexidade do ser humano veio à tona.

Para o bem e para o mal.

As valas abertas revelaram pedras de moinho, joias, objetos de cerâmica e restos de muralhas.

Das muralhas de Jericó.

# 3

## *Jericó bíblica*

JERICÓ FOI A primeira cidade de Canaã conquistada pelos israelitas. Isso após fugirem do Egito e depois de terem vagado pelo deserto ao sul do vale do rio Jordão durante quarenta anos. Uma grande aventura humana na estrada, uma viagem e tanto; cheia de perigos. Muitas vezes, escapavam deles por milagre.

Não faz muito tempo, pela cronologia de Jericó. Alguns dizem que isso aconteceu quando reinava no Egito Ramsés II, o maior de todos os faraós. Se estiverem certo, foi por volta do século XIII a.C..

Moisés, quando chegou às montanhas a leste de Jericó, olhou para os campos verdes cobertos de palmeiras no fundo do vale e não teve dúvidas: tratava-se da terra prometida. Ele, que nunca duvidou de Deus, já sabia. Outros, no entanto, podem ter ficado surpresos. Deve ter-se ouvido muito suspiro entre o povo.

Oh, Deus, a promessa era verdadeira.

Mas Deus, naquela época, era vingativo: nada de clemência. Porque os hebreus tinham pecado na travessia do deserto, Jeová decidiu que nenhum dos que haviam saído do Egito pisaria na "terra que mana leite e mel".

Sem exceção.

Deus não se compadecia das minorias. Punia todos, justos e injustos, e cometia algumas injustiças. Até porque daria trabalho, mesmo para Deus, descobrir em meio àquele povaréu quem duvidara do Sagrado. Mas no atacado Deus acertava. Naquela época era assim mesmo.

Os direitos individuais surgiram bem depois.

Durante a jornada em direção a Jericó "o Senhor se entretinha com Moisés face a face, como um homem fala com seu amigo". Tudo bem, mas perdão é outra coisa. Moisés foi o último dos que saíram do Egito a morrer, mas sem ter descido ao paraíso terrestre.

Foi uma pena, o cara merecia.

Mas Deus escreve certo por linhas tortas, sempre ouvi dizer. Deve ter sido o caso.

Nos tempos bíblicos Deus era Deus e rei do seu povo, governava no céu e na Terra. No céu, por intervenção direta; na Terra, através de alianças com os homens. Fez muitas. Ele adotou a tática com Abraão e depois com Moisés. E não parou mais.

Deus era muito político.

Embora tivesse pouco jogo de cintura.

Quando uma dessas alianças caiu por terra, e a população se revoltou, ele mandou para a Terra o próprio filho. Que, por excesso de bondade, não conseguiu dobrar o povo. Foi quando se descobriu que, com o povo, ninguém pode.

Nem Deus, nem o diabo.

Eram tempos de aprendizado.

Em Jericó, por decisão divina, Josué, auxiliar de Moisés, assumiu o comando. E lá se foram. Atravessaram o vale do

Jordão e acamparam diante da cidade. Todo o povo, tendas e mais tendas. Dava gosto ver.

Após tantos anos perambulando de um lado para outro, chegara o grande momento. Os hebreus estavam divididos em doze tribos, cada uma delas comandada por um dos doze filhos de Jacó, de codinome Israel.

Eram, portanto, os filhos de Israel.

Esperavam a ordem de Jeová, e ela não tardou.

"Dai volta à cidade, vós todos, homens de guerra; contornai toda a cidade uma vez. Assim fareis durante seis dias. Sete sacerdotes, tocando sete trombetas, irão adiante da arca. No sétimo dia, dareis sete vezes volta à cidade, tocando os sacerdotes a trombeta. Quando o som da trombeta for mais forte e ouvirdes a sua voz, todo o povo soltará um grande clamor e a muralha da cidade desabará. Então, o povo tomará a cidade, cada um no lugar que lhe ficar defronte."

Assim se fez, e as muralhas ruíram.

As muralhas de Jericó.

Deus era precavido, nunca ficava em cima do muro. Por isso, tanto sucesso. Lição que os políticos ainda não aprenderam. Outra coisa que o diferenciava dos políticos: Deus cumpria sua parte nas alianças. Todos confiavam nele. E ai de quem não cumprisse.

Os israelitas, seguindo a estratégia divina, saquearam a Cidade das Palmeiras, passando a fio de espada tudo que nela se encontrava: homens, mulheres, crianças, velhos e até mesmo os bois, as ovelhas e os jumentos.

O que foi um erro.

Embora fossem nômades, e precisassem de transporte, foram burros o suficiente para matar as próprias mulas. Isso,

Jeová não admitia. Mas Josué tinha uma carta na manga, também era um bom político.

Ele e seus homens queimaram Jericó com tudo o que havia nela, exceto prata, ouro e os objetos de bronze e de ferro, recolhidos aos tesouros da Casa do Senhor. É, isso mesmo. Os caras eram radicais, mas não rasgavam dinheiro.

Não satisfeito com a matança e a pilhagem, Josué lançou uma maldição.

"Maldito seja diante do Senhor quem tentar reconstruir esta cidade de Jericó!"

Parece que deu certo: desde então, tudo deu errado pra cidade. Para Jericó e arredores. Arredores esses que se estendem por todo o Oriente Médio.

Deus me livre de uma praga em nome de Deus.

# 4

## Jericó moderna

DEUS NUNCA MAIS PÔS os pés em Jericó. E Jesus, quando veio à cidade, foi para ser tentado pelo demônio, lá no Monte das Tentações. Mesmo assim, ela merece uma visita. É perto de Jerusalém, vai-se de carro.

Na curta rodovia que liga as duas cidades pode-se ver algo raro em Israel: automóveis palestinos, com suas placas brancas, trafegando ao lado de carros israelenses, com placas amarelas. Podemos ver também camelos e beduínos tentando sobreviver sem pagar aluguel.

O sonho de muita gente.

Minha ideia romântica do nomadismo se esvai diante dos casebres feitos com sobras de madeira e pedaços de zinco. As grandes tendas, onde estão as grandes tendas? Aquelas das *Mil e uma noites*? Nosso motorista, um beduíno urbanizado, nunca ouviu falar nas *Mil e uma noites*, mas nos chama a atenção por eles não terem água nem eletricidade.

E a internet? Nada de e-mails?

Os turistas, esses peregrinos sem fé, que vão à Jericó visitar o Monte das Tentações, onde Jesus passou quarenta dias e quarenta noites sendo tentado pelo demônio — e resistiu! —, têm outra reclamação: os mais de mil metros de desnível entre Jerusalém e Jericó.

A velha cidade está bem abaixo do nível do mar.

Em meio à viagem um marco de concreto informa que estamos na altitude zero. Continuamos descendo até o vale, onde a estrada fica plana e logo se bifurca: o caminho em frente leva ao Mar Morto; o da esquerda sobe o vale do rio Jordão durante alguns minutos até o posto de controle montado pelo Exército de Israel na entrada de Jericó.

Paramos, mostramos os passaportes, a cancela se abre e seguimos em frente. Mais para azucrinar a vida dos turistas do que qualquer outra coisa. Se tem algo que policial adora é posar de autoridade para quem chega de longe.

A sina da cidade é passar de mão em mão de tempos em tempos. Após Josué tê-la conquistado chegaram os assírios. Depois os babilônios a tomaram, escravizando a população; e mais tarde vieram os gregos. Marco Antônio a deu a Cleópatra como presente de casamento. Ela adorooou, mas não chegou a sujar as sandálias em suas terras pretas. Pouco depois, os próprios romanos se encarregaram de destruí-la.

Tem mais.

Os bizantinos a reconstruíram e a administraram até que os cruzados a reconquistassem. Então vieram os árabes, liderados por Saladino, e os turcos do Império Otomano. Ao final da Primeira Guerra Mundial a Palestina se tornou um protetorado britânico, Jericó no meio.

Em 1967, durante a Guerra dos Seis Dias, Israel anexou a Cisjordânia, faixa de terra que fica entre o território israelense, determinado pela ONU, e o rio Jordão, e que pertencia à Jordânia. A velha Jericó no meio. Em 1994, pelo Acordo de Paz de Oslo, Israel devolveu o controle da cidade aos palestinos.

Assim como Jericó havia sido a primeira cidade conquistada pelos seguidores de Moisés, 33 séculos depois ela passou a ser a primeira cidade conquistada, desta vez na mesa de negociações, pelos seguidores de Yasser Arafat. Se Moisés tinha Deus ao lado dele, Arafat tinha a opinião pública mundial.

Cada poder no seu tempo.

A fórmula do Acordo de Oslo foi "terra por paz", mas isso foi tudo que não aconteceu a seguir. Tava na cara! Só não sabia quem se esqueceu da praga rogada por Josué após derrubar as muralhas.

Para manter a tradição, o Exército de Israel atacou a prisão da Autoridade Palestina em Jericó com tanques e helicópteros. Após nove horas de combate dois guardas haviam morrido e seis prisioneiros palestinos foram capturados, um deles acusado de ter assassinado um ministro israelense. Essa prisão, aliás, foi o motivo da invasão.

Israel comemorou, a Autoridade Palestina protestou; mas os infelizes apenas trocaram de cadeia. Pelo menos mantiveram a cabeça sobre o pescoço. Tratando-se da Terra Santa, isso não é de se desprezar. Basta dar uma folheada na história. João Batista que o diga.

A cidade continua autônoma, mas cercada de tanques inimigos por todos os lados. Apesar de terem criado a civilização, o que falta por aqui é civilidade.

E os muros?

De acordo com os arqueólogos as muralhas foram construídas entre dez mil e nove mil anos atrás. Tinham três metros de largura na base e até quatro metros de altura. Estendiam-se por setecentos metros em volta das casas. Do lado de fora havia um fosso com dez metros de largura e três metros de profundidade.

Em um dos extremos da cidade, perto da muralha, existia uma torre da altura de um prédio de três andares, com uma escada de pedra no centro. Ainda há vestígios dela, sem dúvida a torre mais antiga do Mundo!

Como tudo por aqui.

Estudos mais recentes concluíram que quando Josué bateu às portas de Jericó a tal muralha já não existia, era apenas ruína. Nem fora construída como proteção dos inimigos, mas dos deslizamentos de terra das montanhas ao redor. Desmatadas pelos agricultores, as encostas desciam em forma de lodo durante as chuvas.

Desde aquela época.

E tem gente que ainda não se deu conta.

Mas a estória, ou história, é boa. Como boas são todas as estórias, ou histórias, acontecidas nesta região de onde os deuses foram corridos.

Talvez para sempre.

# 5

# *O barbeiro de Jerusalém*

NEM NA MESQUITA, nem na sinagoga, nem na igreja. Muito menos na porta deste ou daquele templo. Os milagres agora acontecem nas barbearias. Não curam ninguém, mas ajudam a passar o tempo.

Conto um.

Eu não entendo bem: *fifteen* ou *fifty*?

Inglês com sotaque árabe é difícil compreender, mesmo quando o cara sabe falar a língua de Shakespeare. Imagina quando ele não sabe. Se for quinze estará muito barato, se for cinquenta será caro demais. Além disso, serão dólares, euros ou *sheqalim*?

A primeira lição que o visitante aprende em Jerusalém é sobre a sua complexidade. Tudo se parece, mas nada é o que parece. É preciso abrir o olho, em especial no comércio. Embora a religião e a política não fiquem para trás.

As regras das transações no mercado (*souq*, em árabe) precisam ser esclarecidas antes de se fechar qualquer negócio, mesmo um simples corte de cabelo. O capitalismo permanece naquela fase onde o importante é você meter a mão no bolso do cliente, e pronto! Se ele ficar descontente com o serviço ou com o produto, que vá se queixar ao bispo. Ou ao rabino. Ou ao mulá.

Tanto faz, tanto fez se o cara volta outra vez.

Como há uma multidão de clérigos na cidade, de todas as religiões, muitas vezes é mais fácil encontrar uma dessas autoridades do que um comerciante honesto. Mesmo que seja um prosaico barbeiro.

Mas eu tenho essa mania de entrar em todas as barbearias por onde cruzo, então preciso desvendar quanto me custará fazer a barba. Aqui está um problema.

Mas há outro. Outros.

O barbeiro não fala inglês e eu não falo árabe.

Tentei aprender árabe, mas do curso que fiz por correspondência, e isso faz um bom tempo, me enviaram apenas a primeira apostila. Embora eu tenha pagado adiantado, ou talvez por causa disso. Quando telefonei reclamando a ligação caiu na casa de uma senhora mal-humorada que me mandou pra lá de Bagdá.

Resultado: sei contar só até o número dez.

Faço bonito entre os amigos, mas faço feio nos países árabes.

Para o meu azar, quase tudo que preciso comprar nas lojinhas no bairro muçulmano vale mais do que isso. Eu sei falar pouco e os comerciantes palestinos sabem cobrar muito. Está aí algo que nos distancia.

Por sorte, como acontece em todas as barbearias do mundo, há por ali diversos homens sem ter o que fazer. Minto: bebem chá, considerado pelos árabes uma atividade nobre. Assim como tomar um trago no Brasil. Sem o efeito do álcool, apenas. O que, em minha opinião, tira toda a nobreza do ato.

Se ainda fosse chimarrão!

Outra vantagem das barbearias: todos se metem na conversa de todos. Quer saber da vida da cidade, quem anda com quem e quem brigou com quem? Ou, adaptando para a rotina local: quem vai se explodir, quem vai explodir quem? Comece pela barbearia.

Não, não são fofoqueiros; é só para matar o tempo. E isso de matar só o tempo por aqui é uma atitude elogiável.

E sempre há quem fala esta ou aquela língua. Assim, logo descubro que fazer a barba nestas ruelas por onde Jesus passava (embora ele não fosse chegado a barbearias) me custará sete reais. Pechincho: fica por seis. Pechincho mais um pouco: fica por cinco.

Fechamos.

Pago adiantado, como sempre faço nessas situações. Evita mal-entendido e longas discussões futuras. Aprendi essa regra na Itália, onde mesmo tendo acertado o preço no final do serviço quase sempre querem nos cobrar mais do que o combinado. *Tutti buona genti.*

Ibraim é exímio na arte de me barbear sem que eu tenha a sensação de que ele tenta me degolar. Para quem tem a barba fechada como eu, isso é divino. Ele maneja a navalha com a mesma destreza com que brande a língua, barbeando-me e conversando com todos os presentes em tão grande entusiasmo que certas vezes chego a temer que estejam brigando.

Já ouviu árabe discutindo?

Me torno freguês e sempre que não tenho o que fazer, e isso é quase sempre, me dirijo à barbearia do Ibraim. Corto o cabelo, faço a barba e bato longos papos. Eu falo inglês, eles falam árabe; mas nos entendemos.

Mais um milagre na Terra Santa.

# 6

## *Hebron bíblica*

CHARME POR CHARME, sou mais Hebron.
Mesmo que a celebridade mais famosa não tenha aparecido ultimamente.

Mas a fama da cidade não se resume às constantes visitas de Jeová, que vinha conversar com Abraão. Bem antes, Adão costumava caminhar por ali. No começo, de mãos dadas com Eva. Mas isso, só no começo. Aos poucos o casamento foi caindo na rotina e só não se divorciaram porque não haviam casado.

É fato.

Os islâmicos têm certeza.

Adão e Eva moraram em Al-Khalil, o nome árabe de Hebron, após terem sido expulsos do Jardim do Éden. Adão deixou até suas pegadas no fundo de uma caverna. Estão lá, dá para ver. Basta crer.

Mas não ficam por aí as celebridades que deram fama a Hebron.

E a destruíram.

De acordo com o Velho Testamento, Hebron foi criada em 1730 a.C. e seu nome bíblico, Cariat-Arbe (*Vila dos Quatro*), se deve à caverna de Macpela, onde está o túmulo coletivo dos patriarcas. O túmulo dos patriarcas e suas esposas. Menos Raquel, enterrada em Belém.

Abrão morava em Ur, na baixa Mesopotâmia, atual Iraque. Não, não se preocupe, ele não era iraquiano. Nem poderia. O Iraque é uma invenção dos Aliados, que ao final da Segunda Guerra Mundial dividiram o mundo em países artificiais.

Na época de que estamos falando a região se chamava Caldeia.

Lá reinava Hamurábi.

É, aquele mesmo, o cara do "dente por dente, olho por olho".

O código que ele criou era um horror; não espalhava justiça, mas vingança. Mas, pelo menos, eles tinham uma lei: a primeira lei criada pela sociedade humana. O texto expunha a lei e, claro, as punições caso ela não fosse respeitada. Lei sem punição não é lei. Legislava sobre vários assuntos.

O código foi talhado numa rocha — 46 colunas de escrita cuneiforme acádica — e colocado em praça pública, para que tivessem conhecimento dos seus 282 artigos. Na verdade, eram 281, pois eles pularam o treze. Pularam o 13!

Os caras inventaram também a superstição.

No começo do mundo era assim: qualquer coisa que se fizesse era a primeira vez. Tudo muito original.

Abrão devia conhecer o Código de Hamurábi, pois cópias da pedra foram distribuídas pelas cidades do reino. O hebreu estava nas mãos do rei e de Deus. O que, segundo alguns, do ponto de vista legal pouco diferia.

Pobre Abrão.

Vai que um dia Deus o mandou deixar a terra, a família, a casa do pai e ir "para a terra que eu te mostrar". Deus ainda não era este velhinho politicamente correto dos dias atuais. Lá pelo começo dos tempos Deus era uma divindade vingativa, e garantiu a Abrão que "abençoarei aqueles que te abençoarem, e amaldiçoarei aqueles que te amaldiçoarem".

Séculos depois, na aliança feita com Moisés (Deus era dado a alianças, parecia um destes políticos mineiros), entre as leis distribuídas estava "se um homem ferir o seu próximo, assim como fez, assim se lhe fará a ele: fratura por fratura, olho por olho e dente por dente".

A lei de Deus era uma espécie de Código de Hamurábi não escrito. Ainda hoje há certa controvérsia — entre os hereges, que fique bem claro! — sobre quem copiou quem. Quem copiou quem.

O problema vem de longe.

Calcula-se que Jeová tenha se manifestado lá por volta de 1850 a.C., época em que era comum os deuses se materializarem diante dos fiéis. Hoje em dia esse tipo de aparição está cada vez mais raro, talvez as metralhadoras assustem as divindades. Mesmo assim, quando elas surgem ninguém as leva a sério.

O povo anda muito incrédulo.

Abrão pegou seus parentes, todos os escravos (Deus permitia escravos, eles não tinham alma), vacas, camelos, jumentos e carneiros e emigrou do vale do Eufrates para Canaã, a região entre o Mediterrâneo e as margens do rio Jordão, a terra prometida por Deus, e que mais tarde — bem mais tarde! — os romanos rebatizariam de Palestina.

Palestina.

O Patriarca vagou um tempo pela Terra Prometida, foi para o Egito fugindo da seca e acabou voltando para Canaã, fixando suas tendas no vale Hebron. Enquanto lutava contra as tribos locais para se apoderar das terras, afinal Deus as havia dado a ele "desde a torrente do Egito até o grande rio Eufrates", Abrão teve outro problema; esse de ordem doméstica.

Se chamava Sarai.

Deus o havia mandado povoar a Terra com seus descendentes, mas Sarai era estéril. Como fazer para cumprir a profecia? Sarai sugeriu que o marido tivesse um filho com Agar, sua escrava egípcia. Na época, assim mandava a tradição, e Abrão não perdeu tempo. Afinal, sacrificava-se para agradar a Deus.

Agar teve Ismael, o primeiro filho de Abrão.

Ismael.

Deus uma vez mais apareceu para ele, agora propondo outro acordo. Fazia parte da política divina fazer acordos. E todos aceitavam. Não se sabe se alguém recusou um desses acordos. Se recusou, não sobreviveu para contar a história.

O acordo.

"De agora em diante não te chamarás mais Abrão [pai elevado], e sim Abraão [pai de uma multidão], porque farei de ti o pai de uma multidão de povos."

Havia uma contrapartida.

"Faço aliança contigo e com tua posteridade, uma aliança eterna, de geração em geração, para que eu seja o teu Deus e o Deus de tua posteridade."

Estava lançada a prática do "é dando que se recebe", depois adotada por São Francisco de Assis e mais recentemente em Brasília, embora os políticos tenham mudado um pouco o sentido original.

Negócio fechado, ali na hora. Afinal, receber terras em troca da adoração de um Deus único não era lá um sacrifício muito grande. Abraão tinha essa sorte: quando lhe pediam um sacrifício, esse era quase sempre prazeroso. Para selar o acordo ele e todos os homens da tribo foram circuncidados, prática que deveria continuar geração após geração.

Afinal, o contrato era eterno.

Como Deus.

O pacto, que na época pareceu formidável, mais tarde passou a ser questionado por alguns. Descrentes, essas pessoas argumentavam que Deus se tornara tão exigente que a oferta, mais do que uma dádiva, se transformara num fardo para os crentes. E como a aliança foi selada com cláusula de eternidade, não há como escapar da sina.

Mas esse é outro assunto. Voltemos a Hebron e ao problema de Abraão.

Sarai, que quando jovem era bela e despertara o interesse de faraós e reis, havia envelhecido. Pior: continuava estéril. Como transformá-la em mãe de nações? Ah, isso para Deus era fácil, e Abraão logo teve a solução.

"Não chamarás mais tua mulher Sarai, e sim Sara. Eu a abençoarei, e dela te darei um filho."

Dito e feito, que Deus era de palavra: Sara, apesar da idade avançada, engravidou. Abraão, que beirava os cem anos, ficou todo prosa. Não era sem motivo. Nasceu Isaac.

Isaac.

Sara ficou com ciúmes de Ismael e mandou Abraão expulsar "esta escrava com seu filho, porque o filho desta escrava não será herdeiro com meu filho Isaac".

Ela tinha razão em reivindicar a herança para Isaac, não apenas pelas riquezas materiais de Abraão. Além dos imensos rebanhos, muito ouro e grande quantidade de prata, havia a aliança com Deus. O filho de Sara deveria herdá-la sozinho.

Uma aliança com Deus não é algo que se fique dividindo com o filho da empregada.

Abraão não queria expulsar Agar e seu filho. O velho era manhoso, estava reanimado. Andava pra lá e pra cá que só vendo. Mais parecia um garoto. Passara a ter sonhos estranhos. Talvez tivesse se apegado à jovem. Ela andava por ali, indo e vindo, quem sabe... Mas Deus mandou que ele obedecesse Sara.

"É de Isaac que nascerá a posteridade que terá o teu nome. Mas do filho da escrava também farei um grande povo, por ser de tua raça."

Era um tempo em que havia poucos habitantes na Terra, e a maioria, como os indígenas americanos, ainda não tinha alma. Assim, Deus podia se dedicar quase em tempo integral a bater papo com Abraão. Ele mandava, Abraão obedecia; obedecia a Deus e a Sara.

Abraão deu pão e água para Agar e a mandou embora pelo deserto. Quando acabou a água ela deixou o menino sob uns arbustos e se afastou, pois não queria vê-lo morrer. Deus ouviu a voz de Ismael e disse para Agar nada temer.

"Farei dele uma grande nação."

Além de distribuir a terra que criara numa semana, essa era outra tarefa que Deus adorava: fazer grandes nações. Talvez uma forma de dar sentido à vida da multidão de almas que ainda estava no céu. Jeová devia sentir pena daquelas almas penando para encarnar e não encontrando vaga. Além de pouca gente na Terra, os caras duravam mais de cem anos.

A vida, naqueles tempos, era dura, tanto no céu quanto na Terra.

Mesmo assim Ismael sobreviveu. Sobreviver. Essa é outra palavra mágica na Palestina. Ele cresceu, habitou o deserto e se tornou um grande flecheiro. Casou com uma egípcia, com quem teve muitos filhos.

Fazia-se assim a vontade de Deus.

Uma vez mais.

O povo árabe, por ser descendente do primogênito de Abraão, se considera o legítimo herdeiro da aliança feita com Deus, e que os descendentes de Isaac corromperam esse pacto. No fundo, o atrito entre árabes e judeus é mais uma dessas disputas familiares por uma polpuda herança.

No caso, a vida eterna; algo pelo qual vale a pena morrer.

Por isso, eles lutam tanto para abreviar suas vidas.

Quando Sara morreu, Abraão comprou a caverna de Macpela, onde a sepultou. Ele morreu tempos depois, sendo enterrado ao lado dela pelos filhos Isaac e Ismael. Os dois irmãos se davam bem. Os problemas começaram com os primos.

Isaac e depois seu filho Jacó, cujo nome Deus mudou para Israel (Deus tinha essa mania, mudar os nomes das pessoas), também foram enterrados na mesma propriedade. Abraão, o filho Isaac e o neto Jacó. Mais as esposas. Todos mortos.

Hebron perdia o seu charme.

Havia chegado o fim de uma era.

Começava outra.

Os patriarcas estavam mortos, mas seus descendentes começaram a povoar o Mundo, bem como Deus queria.

A Terra — e o céu! — nunca mais foram os mesmos.

# 7

## *Hebron moderna*

OS JUDEUS ULTRAORTODOXOS servem apenas para rezar, estudar, comer e fazer filhos.

Assim, sem rodeios.

A opinião do taxista era pouco simpática aos *haredim* e ele fez questão de deixá-la bem clara na meia hora de viagem. Apresentou-se como árabe cristão e elogiou o presidente Lula, criando na imaginação dele certa intimidade entre nós.

Ibrahim tinha permissão para morar em Jerusalém, devido ao seu trabalho, mas caso decidisse viajar ao exterior precisaria de um passaporte jordaniano. Mas assim que o território palestino for reconhecido como um Estado, ele terá documentos do seu país.

E poderá visitar o Brasil, sonho antigo.

Até agora apenas duas nações reconheceram o Estado palestino: Brasil e Argentina. O motorista conhecia nossa política externa melhor do que eu. Ou, pelo menos, estava mais atualizado. Às vezes, passo tantos meses viajando que me perco do Brasil.

Será que esse reconhecimento é tão importante, mesmo? Eu tenho dúvidas.

Ele não.

É importante para o povo palestino. Agora se espera que outros países sigam o exemplo de Brasil e Argentina.

Brasil e Argentina como exemplos para o mundo! Será que esse dia vai chegar?

Embora o lobby judaico em contrário seja forte, esse dia vai chegar. Ele não tinha dúvidas, eu devia acreditar.

Apesar do ódio, Ibrahim não estava errado. Esse é outro problema por aqui: no íntimo, todos têm razão.

Enquanto o moderno táxi percorre a ótima estrada, ao lado das montanhas ocres do deserto e sob um céu azul-claro, vou aprendendo um pouco mais sobre as tantas divisões políticas, étnicas e religiosas na Palestina, essa interessante região onde está localizado o Estado de Israel e o futuro Estado Palestino.

Ibrahim é um bom papo, bem-informado e tagarela. Não há melhor companhia para um viajante curioso. Melhor de tudo é ele não se importar que eu faça anotações. Quer se exibir, o danado. Isso é muito bom.

David Ben-Gurion havia firmado um acordo com os ultra-ortodoxos: eles o apoiariam em troca de algumas regalias, como liberar os estudiosos da Bíblia do trabalho e da prestação do serviço militar. Ao se tornar primeiro-ministro, Ben-Gurion transformou o acordo em lei.

Para espanto do meu amigo palestino.

Ao contrário do cidadão comum, que presta serviço militar — três anos se for homem e dois anos se for mulher — e precisa trabalhar para se sustentar, os *haredim* permanecem nas escolas religiosas até os 42 anos de idade, quando não podem mais ser convocados, nem como reservistas.

Mais que religiosos, espertinhos; isso sim.

Anoto.

Economistas israelenses calculam que esse desperdício de mão de obra custa ao país bilhões de dólares, além dos milhões em subsídios que as escolas religiosas recebem do Estado. Esses números eu fico sabendo depois, quando vou conferir as informações do taxista.

Outra coisa em que eu devia acreditar: mesmo com todo esse privilégio, algumas seitas estão descontentes, como os *neturei karta*.

*Neturei karta?*

Aqueles que andam nas ruas vestindo robes dourados e usando chapéus de pele, que mais parecem um pneu sobre a cabeça.

Ah!

Eles consideram blasfêmia receber dinheiro do governo. Para eles, os judeus deveriam esperar a chegada do Messias para só então fundarem um país hebreu na Palestina. Até que não é má ideia, mas em Tel-Aviv os políticos não levam a sério esses radicais.

Uma pena.

A conversa está boa, mas chegamos. Pago a corrida e me despeço do jovem nacionalista. Como são todos os árabes, desde a época de Gamal Abdel Nasser.

Caminhar pelas ruas de Hebron, isso sim é um sonho antigo. A visita havia sido desaconselhada pelos amigos em Jerusalém, mas não se abre mão de um sonho tão depressa. Sonhar é perigoso, se sabe, mas a história da cidade merece os riscos.

Esta em especial.

Sagrada para judeus, cristãos e muçulmanos, a caverna de Macpela, hoje no centro de Hebron, deveria ser um recanto de paz e peregrinação. Deveria, mas não é; como quase tudo na região. O taxista está certo, eu logo vejo; basta falar com um e outro pelas ruas do mercado.

Ao comprar pão, e para puxar conversa, explico ao vendedor que no Brasil chamamos o pão *pita* de pão sírio. Ele dá uma risada. Os palestinos têm um ótimo senso de humor, algo incompatível com a vida que levam.

Cada um!

Ah, são também hábeis comerciantes.

Ele me oferece *kebab*, e em duas versões: o bolinho assado pode vir com carne de boi ou de cordeiro. Escolho cordeiro. Arremato com um copo de chá de menta, enquanto ele me conta histórias e mais histórias. E eu gasto meu dinheiro.

Aqui é assim.

Você dá trela, eles destravam a língua.

Nos anos 1930, nacionalistas árabes revoltados com a crescente presença de imigrantes judeus na cidade massacraram dezenas deles. A violência contra os colonos era tal que famílias inteiras foram dizimadas.

Os mais vivos voltaram para a Europa.

Mesmo assim, o movimento sionista, lançado pelo judeu austríaco Theodor Herzl, e que defendia o direito dos judeus de retornar à terra dos seus antepassados, avançou na Palestina. Cada vez mais e mais judeus compravam terras na região.

Quando Israel anexou a Cisjordânia, Hebron junto, alguns rabinos começaram a trazer colonos para o centro histórico, o que é proibido pela ONU e pelas leis israelenses. Mas nada fizeram para detê-los. Bolsões radicais, aqui e ali, foram se instalando entre os palestinos.

A morte estava anunciada.

Mais uma vez, preferiram remediar a prevenir.

O judeu americano Baruch Goldstein invadiu a Mesquita Ibrahim (que estava — e está — sob o controle do Exército de Israel) às cinco horas da manhã, durante a primeira prece do dia, em pleno ramadã, e abriu fogo contra os palestinos no momento em que rezavam ajoelhados. O maluco matou 29 homens e garotos e feriu mais de duzentos. A seguir, ele foi espancado até a morte pelos sobreviventes.

A casa de Alá, construída sobre a caverna de Macpela, onde também estão as pegadas de Adão, virou um inferno. A tumba dos Patriarcas foi manchada com o sangue derramado pela intolerância. Deve ter sido frustrante para eles sentir que a aliança feita com Deus só trouxe violência.

O primeiro-ministro Yitzhak Rabin telefonou para Yasser Arafat condenando o ataque. Descreveu Goldstein como um assassino degenerado, uma vergonha para o sionismo e um constrangimento para o judaísmo. Mas esqueceu de avisar seus generais: a Força de Defesa de Israel matou dezenove palestinos durante os protestos que se seguiram ao massacre.

A insanidade é tanta que a sepultura de Goldstein se tornou um centro de peregrinação. Mesmo proibidos pelo governo israelense, os fanáticos vão ao local prestar homenagens ao "mártir do sionismo".

Para proteger os judeus ultraortodoxos a cidade foi dividida em duas regiões: H1, com oitenta por cento da área, está sob o controle palestino, e H2, com vinte por cento da área, está sob o controle do Exército de Israel.

Em H2 está o Túmulo dos Patriarcas e parte da Cidade Antiga, onde vivem quarenta mil palestinos e quinhentos judeus, estes protegidos por quatro mil soldados em posição de guerra nas esquinas e sobre o teto das casas.

Coisa de filme.

Filme B.

Apoiados por esse contingente os *haredim*, além de se vestirem com calças, casaco e chapéu preto no tórrido verão da Judeia, andam armados; alguns cantando músicas antiárabes nas ruas. Às vezes, vão além da provocação verbal.

Haja paciência!

A seita não admite nem a orientação dos rabinos. Para eles, não é preciso alguém para mediar o contato com Deus, cada homem deve se responsabilizar por si mesmo. E, como eles se consideram os únicos escolhidos por Deus, tudo podem.

A começar pela maneira como tratam suas mulheres, que só podem descobrir a cabeça diante do marido. Ou de outras mulheres.

Mesmo os turistas, embora raríssimos, são ameaçados por esses radicais caso puxem conversa com os palestinos perto dos lugares sagrados. A cidade me lembra os velhos filmes de faroeste.

O xerife protegendo os mais exaltados.

Para evitar distúrbios, os soldados não permitem aos palestinos cruzar as áreas destinadas aos judeus. Os árabes precisam fazer longos desvios para se movimentar nas ruas da própria cidade.

A Mesquita Ibrahim está dividida em duas partes: o lado islâmico e o lado judeu, com entradas separadas. Adão pode ter sido o ancestral comum e Abraão o pai de Ismael e Isaac, mas seus descendentes não se misturam.

Que primos!

Havia no local uma igreja e uma sinagoga. Quando os árabes conquistaram a Palestina, a igreja foi convertida numa mesquita, mas a sinagoga permaneceu intacta. Após a expulsão dos cruzados, os mamelucos construíram a mesquita atual.

O tempo passou e a missão que o Todo-Poderoso deu ao patriarca tomou rumos inesperados. O que eu mais ouvi no túmulo de Abraão não foi a Palavra de Deus, de nenhum deus, mas a palavra *security*.

Não admira que Deus não tenha mais aparecido por estas bandas.

# 8

## *Aeroporto Internacional Ben-Gurion*

A REGRA É SIMPLES: sair é difícil, entrar é pior. Uma loucura. Vale tanto para o país quanto para a El Al, a companhia aérea de bandeira israelense. Aliás, as duas instituições se confundem. O próprio slogan da El Al diz que ela não é apenas uma empresa aérea, mas Israel.

A primeira vez que desembarco no Aeroporto Internacional Ben-Gurion, localizado entre Tel-Aviv e Jerusalém, tenho um pouco de sorte: a funcionária do setor de controle de passaportes é brasileira. Melhor: gaúcha. Melhor ainda: quando morava em Porto Alegre, antes de casar e se mudar para Jerusalém, éramos vizinhos de bairro.

Seu avô era judeu, o que lhe dá o direito de exigir cidadania israelense. Fizera o *aliyah* (ato de migrar para Israel). Remete ao caráter espiritual do retorno dos judeus a sua terra original. Judite tem um filho *sabra* (nascido em Israel) e um bom emprego, algo difícil no Brasil.

O emprego, não o filho.

Tudo isso descobrimos enquanto ela examina meu passaporte. E me enche de perguntas. Bem, trocamos perguntas, melhor dizendo.

Em qualquer lugar do mundo seria muita sorte, mas em Israel é apenas um pouco de sorte. Não falo hebraico e ela falar português facilita, mas também complica. Ela me diz, em bom português, que o país é caro e se eu não tiver dinheiro suficiente devo regressar no próximo avião.

Simpática, a minha ex-vizinha.

Eu havia chegado num voo da Etiopian Airlines junto com um grupo de *falashas*, judeus de origem etíope. Vendo de onde eu vinha, ela fez questão de salientar que os preços em Jerusalém não podem ser comparados com os de Adis-Abeba.

Eu sei. Poucos países no mundo são tão baratos quanto a Etiópia. Mas não é o caso. Quero ficar em Israel. Para me impedir, ela precisará de um motivo mais forte.

Ela insiste. Se eu desejar seguir para algum país árabe, também barato, ela pode me fornecer um visto em separado, num documento avulso. Evitaria carimbar meu passaporte.

Agradeço. Talvez vá à Jordânia, mas eles não barram a entrada a quem tem carimbo israelense no passaporte. O mesmo vale para o Egito, ambos têm relações diplomáticas com Israel. Líbano e Síria, onde eu não entraria com um passaporte carimbado em Israel, estão fora de cogitação.

Mais tarde me arrependeria de não ter aceitado a oferta da moça. Ao pedir visto para entrar nos Emirados Árabes Unidos precisei tirar novo passaporte. Coisas da vida. Espero que ela nunca fique sabendo disso.

No momento meu destino é Israel. É isso que eu digo. Minto que tenho dinheiro, ela finalmente se dá por satisfeita e carimba meu passaporte. Entro no país, mas nada de regalias.

Eta gente que leva as coisas a sério, essa.

Imagina entrar num avião da El Al em Tel-Aviv.

Sempre que posso evito as companhias aéreas norte-americanas, muito visadas. Só perdem em risco para a israelense. Por ocasião do 55º aniversário da criação do Estado de Israel, um Boeing da El Al com destino a Tel-Aviv foi bombardeado por mísseis lançados da costa do Quênia tão logo levantou voo em Mombasa.

Por sorte, os terroristas erraram o alvo.

Embora tenha sido por muito pouco.

Certa vez, para embarcar com destino a Bombaim, na Índia, passei por três interrogatórios, com três oficiais diferentes, durante três horas; e todos tentando me fazer cair em contradição.

Os manuais do serviço de segurança do aeroporto definem dez situações que possam identificar um terrorista. Se o cara for suspeito numa delas, se complica. Eu me enquadrava em todas: viajava sozinho, sem bagagem, chegara e iria para um país que não o meu, percorrera Israel de ônibus, havia entrado no Território Palestino... e por aí seguia. Eles me faziam as perguntas, eu respondia e anotava mentalmente a situação.

Se eu estivesse num país árabe ou numa dessas ditaduras africanas, o que dá no mesmo, estaria preocupado. Mas Israel é uma democracia, nada iria me acontecer; eu estava limpo. Assim, mantive-me tranquilo.

Às vezes, na maioria das vezes, até achava graça do excesso de zelo dos caras. Eu, terrorista? Ora! Explodir-me junto com um avião? Convenhamos.

Mas tinha o tal manual, que servia de orientação aos policiais, e, vejam só, o décimo item dizia que terroristas são treinados para permanecerem tranquilos nesses casos.

Sério.

Embarquei a contragosto dos policiais. Para sorte do cidadão, em Israel se obedece à Constituição: ninguém pode ser impedido de ir e vir se não tiver descumprido as leis locais. Eu estava num país onde os direitos civis estão acima dos humores pessoais dos ditadores de plantão, algo raro no Oriente Médio. Raríssimo.

Israel é a exceção para comprovar a regra.

A viagem foi tranquila, regada ao bom vinho israelense.

Ao desembarcar em Bombaim dei com as pessoas, quase todas elas, em frente aos televisores do aeroporto. Curioso, como sempre, fui olhar e vi a notícia de que diversas bombas haviam explodido no metrô em Londres, nas horas em que estivemos voando, com muitas mortes.

Era isso.

Os serviços de segurança desconfiavam que haveria um atentado, só não sabiam onde. E, já desta vez, quase pegam o cara errado. Por sorte em Israel, ao contrário da Inglaterra, a polícia primeiro pergunta para só depois atirar.

Se sair de Israel é difícil, imagina entrar.

Imagina então se o aeroporto de embarque estiver no Cairo. Isso mesmo: Cairo, no Egito, o maior inimigo de Israel entre os países árabes do Oriente Médio. Há relações diplomáticas entre as duas nações, mas amizade mesmo só nos protocolos de intenção.

Por pressão dos Estados Unidos, para amenizar os conflitos, foi criado um Voo da Amizade entre o Cairo e Tel-Aviv, operado pela El Al.

Voar sim, mas nada de confiar nos cairotas.

Os oficiais israelenses interditam a metade do saguão do Aeroporto Internacional do Cairo e executam, eles próprios, todos os procedimentos de segurança, como se não houvesse autoridade aeroportuária egípcia. As diversas vezes em que embarquei nesse voo foram, em tempo de paz, minhas horas de maior estresse no exterior.

A neurose é tanta que, quase por masoquismo, esses funcionários arrogantes retornam para Israel no mesmo voo que os passageiros. Qualquer negligência e todos morrem. Para nós, há esse consolo.

Mas a paranoia não se restringe às viagens aéreas.

Uma vez entrei em Israel por terra, na fronteira entre Eilat e Ácaba, vindo de Petra, na Jordânia. Maria Clara, a amiga que estava à minha frente na fila, tinha na mala um discman. Os jovens policiais que examinavam as bagagens através do sistema de raios X da aduana não conseguiram identificar o antigo aparelho, cheio de fiozinhos, e logo imaginaram uma bomba.

Aos gritos, e na maior correria, evacuaram o prédio. Logo, logo a fronteira estava fechada. Por culpa de um discman!

Como havia acontecido no embarque para Bombaim e nas vezes em que tomei o avião no Cairo nada havia de errado, exceto a neurose da polícia israelense. Apenas ficamos, eles e nós, com caras de abobados. Eles, mais do que nós. Como sempre.

Nunca sei a quem responsabilizar por todo esse trauma, se o lado de lá ou o lado de cá. Às vezes fico assim, sem saber quem surgiu primeiro: o ovo ou a galinha?

Só não dá para deixar de viajar.

# 9

## *Tumba do rei David*

O PRÉDIO CONSTRUÍDO pelos cruzados, dois mil anos após a morte do rei, é sagrado para judeus, cristãos e muçulmanos. Nesta ordem. Ou na ordem inversa, dependendo de quem seja o senhor da guerra local.

Há pouco para se ver e alguns duvidam que seja o túmulo de Davi.

Não importa.

O que não é novidade por estas bandas. Nunca vi tamanha convicção em cima de tanta incerteza. Na terra onde é preciso crer para ver, é assim. É preciso crer para ver.

Pablo e eu cruzamos o bairro armênio, deixamos as muralhas pela Porta de Sião e vamos à procura do mausoléu, ali mesmo, no monte Sião. O dia está belíssimo e eu e meu filho aproveitamos para fazer uma caminhada mais longa pelas colinas em volta da Cidade Antiga.

No século XVI os muçulmanos, que veneram Davi como um grande profeta, transformaram o lugar numa mesquita e o acesso aos cristãos e judeus ficou proibido por mais de quatro séculos. Nesta terra de tantos deuses, exceto aqueles que sobem ao céu com corpo e tudo, nem os defuntos conseguem descansar. Pelo menos os seus restos mortais.

O grande sarcófago de pedra, coberto com um pano vermelho com a estrela de davi bordada em diversos lugares, me parece meio abandonado. Alguns homens rezam, em voz alta, num dos lados, enquanto as mulheres, em outra parte, fazem suas orações em silêncio.

Não creio que para Deus faça diferença, homens de um lado e mulheres de outro; mas para os homens deve fazer. É a tradição, que pesa mais do que a razão.

Religiosidades e tradições à parte, a história desse rei merece uma visita.

A primeira menção não bíblica a Israel está no Cairo, no Museu Egípcio do Cairo. A história dos filhos de Ismael e Isaac está mais unida do que eles gostariam. Não sei como o velho Abraão está vendo a teimosia dos seus descendentes. Imagino que não esteja gostando. Nem um pouco.

Não era do feitio dele, essas pirraças. Quem sabe mais breve do que se pensa ele desça para dar umas palmadas nas bundas desses moleques birrentos. Bem que merecem.

E puna alguns, os mais cabeçudos, com severidade. Agora para valer. A Pedra da Fundação continua ali, no Monte do Templo, dentro da Mesquita de Omar. E duvido que Deus intervenha na última hora, como fez para salvar Isaac.

Se é que ele já não desistiu. Paciência tem limite, até a divina.

Em uma viagem anterior, quando estive no Egito, vi no Museu Egípcio do Cairo uma estela onde está esculpida a saga do faraó Merneptah, filho e sucessor de Ramsés II, contando sua vitória em Canaã, Ascalon e Israel. A data é exata: 1230 a.C..

Dois séculos depois, segundo a Bíblia — ou mais, de acordo com os arqueólogos —, navegadores hostis vindos de algum lugar do Mediterrâneo se instalaram no litoral, onde hoje fica a Faixa de Gaza, e empurraram os israelitas para as colinas. Os filisteus usavam espadas de ferro e não de bronze, como era comum na época, levando vantagens nas batalhas corpo a corpo.

As tribos se uniram para enfrentar o novo inimigo e a guerra se espalhou.

Em uma batalha no vale Elah, trinta quilômetros a sudoeste de Jerusalém, quando a luta parecia quase perdida, o mirrado Davi, um pastor da tribo de Judá, saca de uma funda e atinge Golias na fronte. O gigante cai e o garoto, nascido em Belém, mata o filisteu com a espada do inimigo.

Êxtase total!

"Vendo morto o seu campeão, os filisteus fugiram."

Até Deus comemorou. Gosto disso, desse Deus participativo. Gosto mesmo. Pena que nos últimos tempos ele tenha se ausentado do nosso dia a dia. Talvez tenha perdido a esperança. Afinal, ô gente que não aprende, essa que ele criou. Ou então ele anda pelo universo, criando novos mundos. Talvez acerte, agora que tem mais experiência.

Pelo menos que não queira fazer tudo numa semana. Isso, já se viu que não deu certo.

Outra sugestão que faço a Deus, baseado no exemplo de Davi e Golias: quando criar um novo mundo, e povoá-lo com tribos hostis, não as deixe lutar entre si. Faça o deus de cada uma delas decidirem num torneio, duelo a duelo, lá no céu. Quem vencer fica com todas as almas. Evitam-se, assim, mortes inúteis na Terra.

Voltemos a Israel.

De peripécia em peripécia, Davi é ungido rei de Judá, e se estabelece em Hebron. Pouco depois ele une o povo de Judá às tribos israelitas que viviam dispersas no norte da Palestina e funda uma poderosa dinastia real, mudando-se para Jerusalém.

Os filisteus, simples mortais, e cujos deuses de pedra não falavam, voltaram ao ataque. Em grande número, espalharam-se pelo Vale dos Gigantes, cercando o exército hebreu. Ansiavam pela vingança.

Davi mais uma vez recorreu ao seu consultor divino. Deus, que nunca abandonou o rei, definiu a estratégia da guerra. Mais: tomou parte, como um soldado. Não um soldado qualquer, não; mas um soldado poderoso. Uma espécie de Capitão América dos israelitas.

"Não vás ao seu encontro, mas dá a volta por detrás deles e os atingirás do lado das amoreiras. Quando ouvires um rumor de passos, então te apressa e ataca, porque o Senhor irá adiante de ti para esmagar o exército dos filisteus."

Davi seguiu o plano militar divino, e se deu bem.

Também!

Em agradecimento, mandou buscar a Arca da Aliança e abrigou-a em uma tenda dentro da Cidade de Davi.

"Quando os carregadores da arca do Senhor completavam seis passos, sacrificavam-se um boi e um bezerro cevado. Davi dançava com todas as suas forças diante do Senhor."

A festa estava divina.

"A arca foi introduzida e instalada em seu lugar, no centro do tabernáculo que Davi construíra para ela, e Davi ofereceu holocaustos e sacrifícios pacíficos."

Era muito, mas não era tudo.

"Ora, tendo o rei Davi acabado de instalar-se em sua residência e tendo-lhe o Senhor dado a paz, livrando-o de todos os inimigos que o cercavam, disse ele ao profeta Natã: 'Vê, eu moro num palácio de cedro e a arca de Deus está alojada numa tenda.'"

Mas Davi era um soldado e Deus preferia que a sua casa fosse construída por um rei pacífico.

"Quando chegar o fim de teus dias e repousares com os teus pais, então suscitarei depois de ti a tua posteridade, aquele que sairá de tuas entranhas, e firmarei o seu reino. Ele me construirá um templo e firmarei para sempre o seu trono real."

Repousares com os teus pais. Adoro a sutileza divina.

Vamos adiante.

Protegido pelo Senhor dos Exércitos, Davi governou entre 1004 e 965 a.C., transformando Israel na maior potência da região. Houve algumas revoltas, mas Davi as sufocava com a força de Deus.

Desde então o rei Davi está presente nas mesquitas, nas igrejas e nas sinagogas. Para os muçulmanos ele é El Nabi Daoud, o venerável imperador e servo de Alá; para os cristãos ele é o ancestral de Jesus; para os judeus ele é o pai de Israel, o jovem pastor escolhido por Deus, e eles são seus descendentes e o Povo Eleito de Deus.

Está tudo lá, na Bíblia, versículo por versículo. É a Palavra de Deus.

Mas há quem não acredite.

Como sempre.

# 10

## *Mercado de Jerusalém*

Na porta da lojinha há um pôster de Che Guevara, com a foto histórica tirada por Alberto Conda em Havana, e a frase *Free Palestine*. Gosto. Nada melhor para assustar os deuses e espantar os demônios do que Che Guevara.

Mas não ficam por aí, as camisetas. Há mais, todas com dizeres bem-humorados, umas louvando Israel, outras louvando a Palestina. Na hora de faturar com os turistas, religião e ideologia ficam de lado. O dinheiro está acima de todas as divindades.

Pela mercadoria exposta não se pode saber se o proprietário da loja é judeu, muçulmano ou cristão. Todos vendem de tudo, todos fazem qualquer negócio. Crucifixos, menorás (candelabro de sete braços, símbolo do judaísmo) e meias-luas (símbolo do islamismo) estão lado a lado nas vitrines.

A fé de cada um só não abre mão de um bom feriado.

Os feriados religiosos hebreus são definidos pelo calendário judaico, lunar; e os dias santos das outras religiões não são feriados. Mas o calendário comercial é gregoriano.

É só conferir.

As lojas fechadas na sexta-feira pertencem aos islâmicos, as lojas fechadas no sábado aos judeus e as lojas fechadas no domingo aos cristãos. Uma simples caminhada pelas ruelas do mercado e se descobre a religião dos comerciantes.

Os muçulmanos param cinco vezes ao dia para rezar, atendendo aos chamados das mesquitas. Nesses momentos apagam as luzes, deixando a loja no escuro. Dirigem-se ao fundo e fazem suas orações. Terminada a prece, acendem as luzes e continuam vendendo suas quinquilharias a quem se interessar.

Alá é grande, os lucros também.

Não presto atenção, envolvido pelo misticismo da Cidade Dourada, mas não creio que haja ateus em Jerusalém. A não ser alguns visitantes, mas esses não contam. Estão ali por curiosidade intelectual, não fazem parte de nenhum rebanho divino. Nem compram suvenires, são pobres de espírito.

Ah, também não fazem guerra santa.

Um dia paro em frente a uma butique e fico conversando com um amigo brasileiro. O proprietário nos pede, um pouco rude — isso para ser gentil com ele! —, para irmos conversar em outro lugar; estamos obstruindo a entrada da loja.

Mauro, o meu amigo, só pra sacanear, mete a mão no bolso e tira um maço de notas de dólares. Vendo o dinheiro, o comerciante muda de opinião. Convida-nos para entrar, quer nos oferecer um chá. Saímos rindo, para tristeza do sujeito.

Estávamos falando de camisetas.

Uma delas me chama a atenção. Ao lado daquelas com fotos de Barack Obama, Nicolas Sarkozy e Vladimir Putin há uma com a foto do presidente Lula de turbante. Ali, lado a lado, os líderes mundiais, com o presidente brasileiro no meio. Todas expostas na vitrine, um pouco abaixo de Che Guevara.

Gosto da posição das camisetas.

Pergunto o preço. Por nada, acho curioso. Jamais compraria uma camiseta com a foto do presidente Lula em Jerusalém. Nada contra o presidente, mas isso é o tipo de suvenir que se compra no Brasil. Se fosse comprar uma camiseta, compraria com a foto de Yasser Arafat. Ou de Yitzhak Rabin.

Pergunto quanto custa só por perguntar, o comerciante que não se iluda comigo.

Péssima ideia.

O lojista me oferece um copo de chá, do chá mais quente do mundo. Aceito por educação, e começa meu calvário. O chá leva anos para esfriar, pelo menos para chegar numa temperatura bebível, e eu ali, com o copo na mão, vítima do matraquear do vivaldino.

Ele diz o valor. Recuso. Ele baixa o preço. Vou recusando e ele baixando o preço. A história não teria fim, então saio da loja assim que bebo o chá. Ele vem atrás de mim, rua afora, e me persegue até o hotel com a camiseta na mão, cada vez mais barata.

Trata-se da primeira venda do dia e seria de mau agouro perder o freguês. Ele baixa ainda mais o preço, mas eu não preciso da camiseta. Não vou usá-la em Jerusalém, menos ainda no Brasil.

Compro duas.

# 11

## *Cidade de Davi*

ELE FOI MESMO UM grande rei? Ou um joão-ninguém? Ou isso não faz diferença?

Vamos lá ver o que dizem uns e outros. Segundo uma velha anedota contada nas ruas de Jerusalém, onde há dois judeus há três opiniões.

Todas corretas.

Um pouco além da Cidade Murada estão as ruínas da Cidade de Davi. Ficam no bairro mais antigo de Jerusalém, ao sul das atuais muralhas, numa colina sobre o vale Cedron. Trata-se de um dos pontos turísticos mais visitados de Israel e um sítio arqueológico emblemático, fonte de discussões bíblicas, arqueológicas e políticas.

O jovem Davi, amigo que fiz nas ruas do bairro judeu, estufa o peito quando fala do famoso xará. Para ele, é Davi no céu e Davi na terra. Creio que se lhe dessem a oportunidade de escolher outra profissão que não a de militar, teria sido pastor. Poderia, assim, seguir os passos do rei desde a sua infância.

Pudera.

Ele vem de uma família que se recusa a usar o idioma hebraico nas ruas. Para eles, a língua na qual foram escritos os Dez Mandamentos e que Deus usou para se revelar aos homens só pode ser usada com fins litúrgicos.

Em casa, falam iídiche.

Na rua, inglês.

O pai não compra jornal escrito em hebraico. Teme que acabe no banheiro. Aliás, ler um livro sagrado no banheiro é sacrilégio.

Imagina, então!

Caso precise descartar um livro, uma revista ou um jornal onde apareça a palavra de Deus em hebraico, jamais o joga no lixo. Nem deixa atirado num canto.

Ele o enterra.

O jovem Davi não é ultraortodoxo, como o pai. Se fosse, só poderia tocar na bela namorada depois de casado, e não foi o que vi. Mais arejado, ele se define como um ortodoxo; aquele que se limita a observar a lei. Nada de querer recriá-la, ao seu modo, deixando a vida terrena mais difícil do que ela já é. A namorada é mais avançada: apenas conservadora.

Sem problemas.

Ele tem amigos reformistas, e convive bem com eles, embora se negue a frequentar uma sinagoga reformista. Só não gosta, mesmo, dos seculares. Isso ele me disse desviando o olhar.

Sem problemas.

Gosto da sinceridade do rapaz. Quando nos conhecemos também fui sincero. Ele se apresentou como judeu ortodoxo, e ficou me olhando. Respondi que a religião dele, fosse qual fosse, não me faria a menor diferença. Eu queria apenas que ele me aproximasse do rei Davi.

Ele riu, e topou. Desconfio que resolveu me acompanhar ao sítio arqueológico por causa disso, para ver se os não religiosos mordem. Para minha sorte, não mordo. Seria desproporcional, ele tem um fuzil.

Esse tipo de provocação eu deixo aos palestinos.

Quando Davi se tornou rei dos hebreus ele derrotou os jebuseus, que viviam em Jerusalém, e conquistou a fortaleza de Sião, onde mandou construir um grandioso palácio. O local passou, desde então, a ser conhecido como Cidade de Davi. Ali, onde estávamos agora. A confirmação está na Bíblia, me mostra Davi.

"O rei de Tiro, Hiram, mandou-lhe mensageiros, com madeira de cedro, carpinteiros e pedreiros, para construir-lhe um palácio. Davi reconheceu que o Senhor firmava o seu trono em Israel e exaltava a sua realeza por causa de seu povo."

Há um batalhão de arqueólogos empenhados em provar as descrições bíblicas e outro tanto decidido a contrariá-las. Se há algo que não existe na Palestina é consenso. Os caras não concordam nem sobre algo óbvio, como quem é melhor: Brasil ou Argentina.

Meu amigo Davi torce pela Argentina na Copa do Mundo; meu amigo Ibraim, o barbeiro, pelo Brasil. Imaginem, então, quando se trata de reforma agrária e o poder de distribuir as terras está nas mãos dos deuses. Que se expressam através de parábolas, deixando a interpretação ao gosto dos sem-terra.

A arqueóloga Eilat Mazar descobriu uma construção nas ruínas da Cidade de Davi que ela identificou como sendo o palácio real, baseada na localização descrita pela Bíblia e nas cerâmicas desenterradas. Foi um grande achado.

Os palestinos alegam que se trata de uma manobra dos judeus ortodoxos para expandir suas reivindicações territoriais na região e, com isso, desalojar os árabes. Quanto mais provas bíblicas forem encontradas mais contundentes ficarão os argumentos israelenses de que eles têm direito divino à terra. Lembram da aliança que Abraão e Moisés fizeram com Jeová? Nesse caso, a Bíblia funcionaria como uma espécie de escritura cujo texto foi ditado por Deus. Nada menos. Os palestinos não têm em sua defesa um Deus tão explícito, mas a ciência parece estar lhes dando voz.

Pesa sobre as interpretações de Eilat Mazar o fato de as suas escavações serem patrocinadas pela Fundação Cidade de Davi e pelo Centro Shalem, duas organizações dedicadas a reivindicar direitos territoriais para Israel. Isso não é bom para a reputação de nenhum cientista.

Pior:

O Diretor de Recursos Internacionais da Fundação Cidade de Davi admitiu, em uma entrevista à *National Geographic*, que ao angariarem fundos para uma escavação o que os inspira é descobrir a Bíblia, e isso está ligado à soberania de Israel.

O arqueólogo Hani Nur el-Din, que vive em Jerusalém Oriental, brande outro argumento.

Seu povo não precisa fazer escavações para mostrar que tem direito à terra. Basta ver as mulheres palestinas moldando a tradicional cerâmica do começo da idade do bronze ou assando pão da mesma forma que se fazia há quatro ou cinco milênios antes de Cristo.

O assunto é tão espinhento que há divergências entre os próprios arqueólogos israelenses. David Ilan não tem dúvidas: a descoberta na Cidade de Davi se trata de uma construção dos séculos VIII ou IX, isto é, erigida no mínimo cem anos depois da morte de Salomão, o filho e sucessor de Davi.

Israel Finkelstein, da Universidade de Tel-Aviv, vai mais longe.

Na época do rei Davi, Jerusalém não era mais do que um vilarejo rural num morro. Davi era um joão-ninguém que emergiu como chefe militar pelos mesmos talentos do mexicano Pancho Villa, e sua legião de seguidores estava mais para um bando de quinhentas pessoas empunhando paus, berrando e cuspindo.

As histórias são umas melhores que as outras. Para quem gosta de uma boa discussão, o terreno é fértil.

Pouco tempo depois do anúncio feito por Eilat Mazar, de que encontrara o palácio de Davi em Jerusalém, o professor Yosef Garfinkel, da Universidade Hebraica, declarou ter desenterrado no vale Elah, lugar em que a Bíblia narra a vitória de Davi sobre Golias, partes de uma cidade judaica da época em que Davi reinou.

Thomas Levy, professor da Universidade da Califórnia em San Diego, que passou os últimos anos escavando uma grande mina de cobre cinquenta quilômetros ao sul do Mar Morto, na atual Jordânia, anunciou que o período de maior atividade da fundição que existia no local coincide com os reinados de Davi e Salomão.

As atividades foram suspensas logo após a morte de Salomão, quando o faraó Shoshenk I invadiu a região. O fechamento das minas, pelo menos, não se discute: tal incursão está registrada no Velho Testamento e no templo de Amon, em Karnak, no Egito.

Se o arqueólogo estiver correto, estamos diante das minas do rei Salomão. Alguém se habilita?

Mas nem mesmo Thomas Levy e Yosef Garfinkel, cujas pesquisas são subvencionadas pela National Geographic Society, ficam incólumes ao ceticismo de Israel Finkelstein. O questionador-mor da técnica arqueológica de se levar as afirmações bíblicas ao pé da letra desdenha dessas duas descobertas.

Tudo é possível. Eu já disse que por aqui todos têm razão? O próprio Yosef Garfinkel concorda que talvez Golias não tenha existido. A história diz que Golias vinha de uma cidade gigantesca, e de tanto ser contada, séculos após séculos, acabou que o próprio Golias virou um gigante. É uma metáfora. Ou, se preferirem, uma parábola.

Ele vai mais longe.

Os estudiosos modernos querem que a Bíblia seja exata como uma enciclopédia. Mas há três mil anos não se escrevia nenhuma história dessa maneira. Era à noite, em volta da fogueira, que se começavam narrativas como as de Davi e Golias.

Afinal, Davi foi um grande rei ou um joão-ninguém?

Virei e revirei o Velho Testamento em busca duma resposta à provocação do cético arqueólogo Israel Finkelstein. Davi é um dos personagens bíblicos mais fascinantes, mas creio que nunca chegou a ser um grande monarca. Passou a vida sendo contestado por outros chefes militares, inclusive o próprio filho Absalão, e se manteve no poder apoiado em sua espada e na crença popular de que havia sido ungido por Deus.

Alguns estudiosos dos livros sagrados o exaltam pela coragem, outros o denigrem pelo excesso de esposas, concubinas, amantes e namoradas. Há ainda os que o admiram pelas duas coisas.

Como o jovem Davi, que me acompanha por entre as ruínas.

Ele presta o serviço militar, por isso anda fardado e carrega um fuzil. Como a namorada, Hanna, que não pôde nos acompanhar porque estava de serviço no quartel. Me conta que eles não podem largar a arma um minuto, mas não se importa. Ele e a garota não se importam de andar nas ruas, ir ao cinema ou ao shopping armados.

Aprendem muitas coisas no Exército, além de usar um fuzil. Tudo isso é bom.

Após o serviço militar eles vão passar um ano viajando pelo mundo, como fazem quase todos. Pensam em visitar o Brasil, conhecer o Carnaval. Só depois entrarão na universidade.

O treinamento faz parte da defesa de Israel.

Como faria o rei Davi, se vivesse nos dias de hoje.

"O rei Davi estava velho e avançado em idade; por mais que o cobrissem de roupa, não se aquecia. Seus servos disseram-lhe: 'Busquemos para nosso senhor, o rei, uma donzela virgem que o sirva, cuide dele e durma em seu seio para que ele o aqueça.'"

Rei ou joão-ninguém, para Israel Finkelstein isso não faz diferença.

Há que se distinguir os fatos históricos dos fatos culturais. Davi é importante para a identidade cultural do Ocidente, tenha existido ou não. Davi é todos os reis de Israel, Davi é o ancestral de Cristo, Davi é tudo. Um homem com estrela.

Para as religiões, o judaísmo em especial, o moral da história é mais importante do que a própria história. O Davi histórico, rei ou joão-ninguém, não pode ofuscar o Davi cultural, um dos pilares da tradição ocidental. Essa história, sim, ninguém contesta, está toda documentada. Meu jovem amigo Davi, sempre com a Torá na mão, que o diga.

Não falei? Aqui todos têm razão. Menos Golias, claro. Afinal, tamanho não é documento.

# 12

## *Hotel Hashimi*

ELES NÃO DEVERIAM ter feito, mas foi o que fizeram. Daí minha indignação.

Fiquei chateado, pensei em reclamar na portaria, dizer que os muçulmanos amarram bombas na cintura e se explodem, matam pessoas inocentes, e tudo bem; mas implicam com uma simples garrafinha de vinho. Mas desisti de reclamar.

Desisti pra não levar adiante o preconceito.

Mas que deu vontade de esculachar os caras, ah, isso deu!

Lembrei das frases escritas na parede atrás da recepção, em letras enormes, avisando que não se pode fumar nem tomar bebidas alcoólicas no hotel. A família palestina, dona do Hashimi, administra o albergue segundo as leis islâmicas, regiamente obedecidas no bairro.

Elas proíbem — e lá está escrito, bem grande — que um casal se hospede no mesmo quarto se não apresentar documentos comprovando o casamento. É uma pena. A medida excluía do hotel a metade dos casais em visita a Jerusalém.

Lei é lei.

Me refiro às leis religiosas, porque as civis ninguém respeita.

Isso não me dizia respeito, estava sozinho; mas terem recolhido a garrafinha de vinho que eu surrupiara no avião me deixou furioso. O vinho, bom demais, eu guardara para beber à noite, quando fosse comer um *shawerma*.

Ah, o *shawerma*!

Adoro a versão palestina do churrasquinho grego brasileiro, servido com picles, saladas e patês dentro dum pão *pita*, como se fosse um sanduíche.

Seria uma festança. As bebidas alcoólicas em Jerusalém são caríssimas, aquele brinde me pouparia alguns trocados. Mas se fora, nas mãos dum camareiro fanático.

Deixei a garrafinha sobre a mesinha de cabeceira. Quando limparam o quarto, recolheram meu tesouro. Estava num dormitório coletivo, havia outros hóspedes, e quando contei a história todos lamentaram.

Uma constrição de dar dó em qualquer cristão. E não era para menos. Uma garrafa de vinho, por menor que fosse, ali no bairro muçulmano era um tesouro. Todos concordavam.

Em um albergue, ao se dividir o quarto com uma alma de outro mundo, um mínimo de conhecimento é necessário. Por isso, sempre se puxa assunto.

Um mexicano, que ficou apenas um dia na cidade e pôde visitar os lugares mais importantes graças às minhas indicações, antes de ir embora me presenteou com um jantar regado a vinho, ao bom vinho israelense, num pequeno restaurante no Bairro Cristão. Comemos, bebemos e nos divertimos; sem patrulha religiosa.

Um manjar dos anjos.

O albergue tem um terraço, onde servem o café da manhã, com uma vista maravilhosa para a cidade. Dali eu posso ver, e fotografar, desde a cúpula dourada da Mesquita de Omar à cúpula azul da Basílica do Santo Sepulcro. Outras vezes subo ao terraço para ouvir o chamado das mesquitas e o bater dos sinos.

Os alto-falantes no topo dos minaretes não estão sincronizados, e ouço mais ruídos do que preces, uma cacofonia típica de uma cidade islâmica. Mas Jerusalém não é apenas uma cidade islâmica, Jerusalém é única.

Quando o muezim eletrônico para sua ladainha, em determinada hora do dia, os sinos das igrejas assumem o lugar. Um pouco além, nas sinagogas, os judeus rezam em voz alta. O ar fica impregnado de divindades, cada qual querendo salvar a nossa alma.

Haja fiéis para tanto chamado.

Jerusalém é uma cidade envolvente, acontece de tudo ao mesmo tempo. Além dos moradores, cada grupo com sua cor, há os visitantes, religiosos ou não. A Cidade Antiga transpira fé e comércio, alimento para a alma dos peregrinos e o bolso dos lojistas.

Basta ficar parado numa esquina e ver o mundo passar, um desfile de etnias, nacionalidades, crenças e gente exótica; cada qual com seu sonho, cada um com uma esperança.

É divertido, me entretenho fácil. Assim, volto a me indignar com o pessoal do hotel só em meu último dia na cidade.

Meu avião sairá pouco depois das oito da manhã. Precisarei acordar lá pelas três da madrugada, pegar uma van e chegar ao terminal quatro horas antes do embarque, como exigem os procedimentos de segurança.

O gerente me garante que ele mesmo me acordará no horário desejado.

Mesmo assim, este infiel resolve não apostar na eficácia do muçulmano. Não pela túnica encardida, nem pela grande barba, muito menos pelo turbante desajeitado; mas pela forma como ele tentou me ludibriar no preço da diária.

Sempre desconfio de comerciantes ávidos demais pelo meu dinheiro. E quase nunca me engano.

Ouça, e depois me diga se não tenho razão.

Eu havia entrado em Jerusalém pela Porta de Damasco e seguido por suas aleias abarrotadas de gente, desviando de um e de outro ladeira abaixo. Visitei duas pousadas na Via-Sacra, perto da Segunda Estação, mas não gostei.

Ficavam num lugar barulhento e a rua em frente estava sempre entupida de peregrinos, alguns carregando pesadas cruzes de madeira e rezando em altos brados, uma ladainha infernal. Seria impossível descansar em meio àquele rebuliço.

Pergunta daqui, pergunta dali, indicaram-me o tal Hashimi, um misto de hotel e albergue. Instalado num prédio centenário, fica na Souq Khan al-Zeit, a rua do mercado, não muito longe.

As mochilas estavam pesadas, doíam-me as costas e o suor escorria pelo rosto, turvando-me a visão. Mourejando naquele calor diabólico, segui pelo mesmo caminho que Jesus subiu em direção ao calvário. Exausto, a certa altura por pouco não caí.

Como não apareceu ninguém para me ajudar, larguei a mochila no chão, descansei um pouco e segui adiante. Passei pelas quarta, quinta, sexta e sétima estações e quando cheguei ao hotel o cansaço havia me nublado o raciocínio.

O garoto da recepção não soube me dar o preço da diária. Isso tem um significado óbvio: o valor depende da nacionalidade do sujeito. Leia-se: do tipo de moeda que ele carrega no bolso. Insisti. Ele telefonou para o gerente, passou-me o fone e o cara me disse que já vinha, eu esperasse no quarto se estivesse muito cansado.

Como ele estava se demorando, fiz isso.

Por bem pouco tempo.

Estirado sobre o colchão dei-me conta da armadilha do mouro: quando chegasse, eu precisaria pagar sem poder barganhar algum desconto, espoliação na certa. Vesti-me, voltei para a recepção e avisei que iria embora se o gerente não aparecesse para acertarmos o valor do quarto.

Ah, ele veio em seguida, dizendo que estava ali para me servir.

Conheço o tipo.

Quanto mais íntimos ficássemos, como ele queria, menos à vontade eu ficaria para pechinchar, tentar um desconto. Ou, pelo menos, não ser explorado como um pobre cristão indefeso.

Ele pediu vinte dólares, fazendo a ficha de entrada deslizar sobre o balcão em minha direção. Muito caro, protestei, devolvendo a ficha. Ofereci quinze. Por quinze dólares só no dormitório, ele disse, segurando a ficha no ar. Perguntei pela quantidade de camas. Garantiu que eram apenas duas camas e um beliche, e não tinha mais ninguém no quarto. Ofereci oito dólares, fazendo menção de pegar a ficha. Doze, ele disse, estendendo-me a ficha. Dez, nada mais.

Saleh, só então fiquei sabendo seu nome, me passou a ficha e a caneta.

Não tenho razão em desconfiar da falsa solicitude do homem?

Por isso compro, numa lojinha ao lado do hotel, um pequeno despertador. Santa Providência.

Claro que ninguém aparece para me chamar. Pior: quando vou sair do prédio, a portaria está fechada. Bato em alguns quartos até acordar um sujeito mal-humorado. Ele tem uma chave, abre a porta e eu caio fora, apressado.

Embora esteja na Terra Santa, saio praguejando contra Saleh até a sua quinta geração. Rogo tanta praga que se depender da minha vontade ele dificilmente se encontrará com Alá. Muito menos desfrutará suas quarenta virgens.

Jerusalém dorme, ainda está escuro. Apenas alguns bicos de luz amarelada despejam sombras nas pedras desgastadas pelo constante pisar dos peregrinos. Transpiro pelo esforço em manter o passo largo, subida acima, carregando duas pesadas mochilas.

Estou angustiado, me sinto inseguro. A tensão dos moradores está impregnada nas paredes, e seus fluidos me tocam a pele, me penetram o corpo e me fazem arder a boca do estômago. Se explodisse uma bomba atrás de mim, não me surpreenderia.

Vou assim quando um grande barulho estoura às minhas costas. Paro e me viro a tempo de ver um gato saltar de uma lata de lixo rolando no chão. Que filho da puta! Na entrada de um beco, um pouco mais à frente, vislumbro um vulto humano se esgueirando por entre duas casas, sumindo no estreito corredor. Apresso o passo.

Chego à Porta de Jaffa na hora combinada, mas cadê a van? Faz frio, venta, e eu ali sozinho, achando que o tipo que me vendeu a passagem para o aeroporto tinha me logrado. Tomara que ele quebre aquela birosca fedida. Assim, não vai enganar mais ninguém. Estou me sentindo abandonado. Após tantos e tantos anos na estrada, minha sorte me abandona.

O dia começa a clarear. Passa uma viatura da polícia, um táxi cruza a muralha transportando um velho rabino, e nada da minha condução. Ao longe, um sino repica fora de hora. Mais do que o atraso me preocupa não haver outro passageiro esperando. Será que só eu tinha comprado passagem e eles resolveram cancelar a viagem?

Não, seria muita irresponsabilidade.

Deveria ter dormido em Tel-Aviv, era mais perto do aeroporto. Talvez no próprio saguão, o que já havia feito muitas vezes. Como pude ser tão imprudente tendo três conexões internacionais pela frente?

A van chega!

Graças a Deus! Graças a Alá! Graças a Jeová!

Por aqui é assim, você precisa agradar a todos, senão te acusam disso e daquilo.

Como não sou rancoroso, esqueço logo as mazelas da vida assim que a sorte me sorri, e para manter o espírito da Cidade Sagrada, tão logo me vejo sentado e aquecido dentro da caminhoneta, perdoo todos, e revogo a *fatwa* contra Saleh.

Minha sentença religiosa contra ele não está baseada no Alcorão, mas num momento de raiva secular, fácil de ser removida. É o que faço.

Só não o perdoei, até hoje, por ter me tirado a garrafinha de vinho.

# 13

## *Mercado Mahane Yehuda*

O MERCADO PÚBLICO é a alma da cidade, de qualquer cidade. É sua intimidade se expondo em público, diluída em cores, cheiros e sabores. É vida, vivida com gosto e prazer. É onde se inicia a comunhão com o Sagrado.

Pelo que expõe, da forma como expõe e pelo jeito com o qual as pessoas se expõem comprando suas iguarias se conhece os segredos por trás de cada cozinha. O mercado público abastece o Santo dos Santos de uma casa, de uma casa que se possa chamar de lar.

Jerusalém não é diferente.

Todos os caminhos convergem para o Mahane Yehuda, entre as avenidas Agripa e Jaffa, no bairro homônimo, parte nova da cidade. Merece uma visita, mesmo que não se queira comprar nada.

Porque, no final, sempre se compra algo.

Famoso por ter as mais deliciosas frutas e verduras de todo o Oriente Médio, é onde a população local se abastece. Longe dos turistas! Centenas de bancas, distribuídas por dezenas de aleias e becos, vendem de tudo que se produz no solo israelense; mais algumas especiarias importadas, como café brasileiro e chá da Índia.

O nome de cada ruela está ligado aos produtos mais vendidos em seus quiosques, como a rua HaEgoz, onde se compra toda variedade de noz. Os vendedores, em frente às caixas abarrotadas de produtos, algumas avançando além da porta, anunciam as mercadorias aos berros, uma sonoridade inconfundível.

O cheiro de pão recém-saído do forno, canela, páprica, pimentas, chás, morangos, peixes do Mediterrâneo e frutas secas empapa o ar. Mas também se podem comprar roupas e todo tipo de quinquilharia pelos melhores preços de Jerusalém.

Certo dia comprei um canivete com diversas utilidades, inclusive um saca-rolhas, minha grande necessidade. No quarto do hotel, ao tentar abrir um vinho, ele quebrou.

Foi minha primeira e última compra no grande mercado. Mas a experiência negativa não invalidou o setor de alimentação.

Há cafés, casas de chá, lanchonetes e pequenos restaurantes, alguns oferecendo os melhores sabores da cidade. Basta sentar e degustar vinhos, queijos, doces, chás, sopas, sanduíches típicos ou tomar uma bebida que só exista em Jerusalém.

A minha preferida é o *sahlab*, um drinque à base de leite com amêndoa, coco, canela, pistache e uva seca, servido no Matan. Outro restaurante, o Azura, garante que tem o melhor *húmus*, título disputado por todo restaurante que se preze. Não sou entendido na pasta de grão-de-bico, a principal iguaria de Jerusalém, apreciada por árabes e judeus; assim não posso julgar. Mas se não for o melhor, deve ser um deles.

Há cozinha internacional, também. O Itchikidana serve comida indiana para os vegetarianos. Deixo pra lá. Não que deteste comida indiana, não! Pelo contrário. Aprecio tudo que é bem temperado, em especial se tiver gosto ardido.

Mas comida indiana prefiro comer na Índia.

No começo da tarde das sextas-feiras um grupo de religiosos judeus percorre as ruelas do mercado tocando trombetas. Não, não é para anunciar a chegada do Messias. Nem dos fiscais da saúde. Apenas avisam aos comerciantes que em breve devem fechar as lojas, a hora do *shabat* está chegando.

Entre o toque das trombetas e o fechamento do mercado, quando todos devem se dirigir para casa, descansar, como fez Deus no sétimo dia, é possível comprar pães e frutas perecíveis quase de graça.

Mas só quem conhece pães e frutas perecíveis.

# 14

## *Templo de Salomão*

NÃO HÁ NO MUNDO prédio igual. Mesmo não existindo mais — e que pode nunca ter existido! —, continua presente no imaginário de toda uma nação. A Casa de Deus merece uma visita detalhada.

Vamos lá.

Além das suas diversas mulheres, Davi se encantou por Betsabeia, esposa de Urias. A linda engravidou — naquela época não havia camisinha — e o rei mandou o marido dela para a guerra, com instruções aos generais para que o colocassem na frente da batalha. Como era de se esperar, Davi em especial, o rapaz morreu atingido por uma flecha inimiga. A atitude do rei provocou a ira de Deus, que feriu de morte a criança.

Eliminava-se, assim, o filho do adultério da linha sucessória.

Davi consolou Betsabeia dando-lhe outro filho, agora legítimo, batizado de Salomão (*Pacífico*, em hebraico). Deus gostou — como se não estivesse por trás da trama — e mandou acrescentar o sobrenome Jedidiá (*Amado-do-Senhor*, em hebraico).

Deus muitas vezes agia de forma imprevisível. Parecia um desses autores de telenovela que distorcem a verossimilhança das histórias para que elas tenham um final feliz. Tudo em nome da fidelidade da audiência.

Davi passou a coroa para Salomão, embora ele não fosse o primogênito. Tão logo assumiu o trono, o Pacífico matou todos os rivais, inclusive seu meio-irmão Adonias, o mais velho dos filhos de Davi. Deus, satisfeito, atendendo a um pedido de Salomão, dotou-o de grande sabedoria para que governasse com justiça.

"Deus deu a Salomão a sabedoria, uma inteligência penetrante e um espírito de uma visão tão vasto como as areias que estão à beira do mar. Sua sabedoria excedia a de todos os orientais e a de todo o Egito."

Nossa!

Deu certo. Durante seu reinado ele "pronunciou três mil sentenças e compôs mil e cinco poemas". Os resultados logo apareceram.

"Salomão dominava sobre todos os reinos, desde o Eufrates até a terra dos filisteus e até a fronteira do Egito. Esses reinos pagavam tributo e ficaram-lhe sujeitos durante todo o tempo de sua vida."

A Bíblia dá mais informações.

"Salomão tinha quatro mil manjedouras para os cavalos de seus carros e doze mil cavalos de sela."

Bem, havia em Jerusalém uma pedra, usada como antigo altar para sacrifícios aos deuses pagãos. Salomão, em sua infinita sabedoria, a identificou como a Pedra da Fundação, o lugar onde o universo começou, e local da criação de Adão.

Ao longo dos tempos ela serviu para Adão, Caim, Abel e Noé oferecerem holocaustos a Jeová. Foi também onde Abraão iria sacrificar Isaac, prova da sua obediência a Deus.

Sobre ela Salomão mandou construir o Templo de Jerusalém. Serviria para abrigar a Arca da Aliança e Deus ter um lar, acabando sua vida de nômade; algo que os habitantes de Jericó já haviam realizado há milênios.

"No ano 480 depois da saída dos filhos de Israel do Egito, Salomão, no quarto ano de seu reinado, no mês de Ziv, que é o segundo mês, empreendeu a construção do Templo do Senhor."

Hiram, o rei de Tiro, que já havia ajudado Davi na construção do palácio na Cidade de Davi, também ajudou Salomão. Sem rodeios.

"Farei tudo o que desejas acerca das madeiras de cedro e de cipreste. Meus servos as descerão do Líbano até o mar e dali as farei conduzir em jangadas até o lugar que me designares."

A promessa foi cumprida. Sem tirar nem pôr. O libanês era um homem de palavra. Eram outros tempos.

"O rei Salomão escolheu trinta mil operários em toda Israel."

Ele tinha ainda setenta mil carregadores e oitenta mil cortadores de pedras na montanha, sem contar milhares de contramestres. O Exército do Senhor havia trocado a espada pela talhadeira. Deu trabalho, mas deu também resultado.

"Salomão terminou a construção do templo. Forrou o interior das paredes do edifício com placas de cedro, desde o pavimento até o teto; revestiu assim de madeira todo o interior e cobriu o pavimento com tábuas de ciprestes. Revestiu de tábuas de cedro, a partir do fundo do templo, desde o pavimento até o teto, um espaço de vinte côvados, que destinou ao santuário, ou Santo dos Santos."

A Bíblia especifica mais.

"Salomão dispôs o santuário no interior do templo, bem ao fundo, para ali colocar a Arca da Aliança do Senhor."

Havia muita riqueza em Israel e nada foi poupado na construção do santuário para agradar a Deus.

"Salomão revestiu-o de ouro fino e cobriu o altar de cedro. Revestiu de ouro fino o interior do edifício e fechou com cadeias de ouro a frente do santuário, que era também revestido de ouro. A casa ficou assim inteiramente coberta de ouro, como também toda a superfície do altar que estava diante do santuário."

O templo foi construído em sete anos.

"Salomão mandou ainda fabricar todos os utensílios que estariam no Templo do Senhor: o altar de ouro, a mesa de ouro sobre a qual se colocavam os pães de proposição [pães oferecidos a Deus, renovados a cada semana em sinal de perpétua homenagem]; os candelabros de ouro fino, cinco à direita e cinco à esquerda, diante do santuário, com as flores, as lâmpadas e as espevitadeiras de ouro, os copos, as facas, as bacias, as colheres e os cinzeiros de ouro fino; os gonzos de ouro para os batentes da porta do santuário, o Santo dos Santos, e da porta do templo, o Santo."

A transferência da Arca da Aliança de sua tenda, na Cidade de Davi, no outro lado do vale, foi realizada com toda a pompa.

"Vieram todos os anciãos de Israel e os sacerdotes tomaram a arca do Senhor. Levaram-na, assim como a tenda de reunião e todos os utensílios sagrados que havia no tabernáculo; tudo foi carregado pelos sacerdotes e levitas. O rei Salomão e toda a assembleia de Israel reunida junto dele conservavam-se diante da arca. Sacrificavam tão grande quantidade de ovelhas e bois que não se podia contar."

A arca com as duas tábuas de pedra — onde estavam gravados os Dez Mandamentos — recebidas por Moisés no monte

Sinai, quando Jeová fez aliança com os israelitas, foi ali depositada. Salomão dirigiu uma longa prece a Deus.

"Mas, será verdade que Deus habita realmente sobre a Terra? Se o céu e o céu dos céus não Vos podem conter, quanto menos esta casa que edifiquei! Entretanto, Senhor Deus meu, atendei à oração e às súplicas de vosso servo; ouvi o clamor e a prece que hoje Vos dirijo. Que Vossos olhos estejam dia e noite abertos sobre este templo, sobre este lugar."

Deus concordou. Mas, como sempre, não deixava barato.

E fez uma advertência.

"Mas se vos desviardes de mim, vós e vossos filhos, e não observardes os preceitos e ordens que vos descrevi, se vos retirardes e prestardes culto a deuses estranhos, prostrando-vos diante deles, eu exterminarei Israel da terra que lhe dei, lançarei de minha presença o templo que consagrei ao meu nome e Israel será objeto de sarcasmo e zombaria para todos os povos."

Temendo não ser bem compreendido, Deus foi mais direto.

"Embora seja tão alto esse templo, todo o que passar diante dele ficará pasmo e assobiará, dizendo: 'Por que tratou o Senhor assim esta terra e este templo?' E lhe responderão: 'Porque abandonaram o Senhor, seu Deus, que tirou os seus pais do Egito e seguiram a outros deuses, prostrando-se diante deles e adorando-os. Foi por isso que o Senhor mandou sobre eles todos esses males.'"

Selado o acordo, o local passou a ser o centro da fé judaica.

O reino entrou numa fase de opulência. Reis e rainhas vinham de longe trazer presentes e pedir conselhos a Salomão. Jerusalém era uma festa.

"A rainha de Sabá, tendo ouvido falar de Salomão e da glória do Senhor, veio prová-lo com enigmas. Chegou a Jerusalém com uma numerosa comitiva, com camelos carregados de aromas e uma grande quantidade de ouro e pedras preciosas."

Salomão, como bom filho de Davi, amou muitas mulheres. Não há na Bíblia outro personagem com direito a tantas amantes. Mas, ao contrário do pai, relacionou-se também com estrangeiras. Além da filha do faraó, teve setecentas esposas de classe principesca e trezentas concubinas.

Isso contrariava Deus.

Que havia sido bem claro.

"Não tereis relações com elas, nem elas tampouco convosco, porque certamente vos seduziriam os corações arrastando-os para os seus deuses."

O Todo-Poderoso, que sabia por ser velho e por ser Deus, tinha razão: elas seduziram o coração do rei e ele prestou culto a diversas divindades, chegando a erguer-lhes altares. Nem o mais sábio dos sábios resistiu ao charme feminino. Mesmo sabendo que Deus estava de olho.

"E o mesmo fez para todas as suas mulheres estrangeiras, que queimavam incenso e sacrificavam aos seus deuses."

Deus não gostou, mas nada fez ao rei por consideração a Davi, que nunca o abandonou. Ele guardou sua vingança para os descendentes de Salomão.

E não deu outra.

Poucos anos após sua morte o reino se dividiu. As dez tribos do norte formaram o reino de Israel e as duas do sul o reino de Judá. Tal enfraquecimento facilitou as invasões estrangeiras e Israel caiu em poder dos assírios.

O reino de Judá durou um pouco mais.

No final do século VI a.C. outro todo-poderoso, Nabucodonosor, rei da Babilônia, conquistou a Judeia; incendiando

Jerusalém. Ele saqueou e depois destruiu o Templo do Senhor, escravizando o povo na Mesopotâmia.

Não foi por falta de aviso.

O enérgico Jeová, capaz de punir seus devotos mediante o menor deslize, não foi capaz de impedir a profanação da própria casa pelos soldados babilônios. Deus cairia em descrédito junto ao povo?

Que nada!

Qualquer nação teria desistido; menos os hebreus, que nunca perderam a fé. Graças à crença tenaz em seu Deus, único Deus, eles continuaram unidos, mantendo a identidade étnica e cultural.

O povo de Judá permaneceu cativo durante cinquenta anos, quando o rei Ciro, da Pérsia, derrotou os babilônios e autorizou os judeus, como ficaram conhecidos, a voltarem para Jerusalém e reconstruírem o Templo do Senhor.

O regozijo foi total.

O povo judeu imaginou que seus problemas haviam acabado.

# 15

## Ma'ale Adumim

QUANDO FOR PARA o Exército, Saul vai matar, se preciso for. Matará para que jovens adolescentes, jovens como ele é agora, continuem alienados. Matará em nome de um passado que teima em não respeitar o presente. Até quando os mortos vão continuar matando os vivos no Oriente Médio?

Saul mora no maior assentamento judeu na Cisjordânia, mas se refere à colônia como se ela estivesse em território israelense, um subúrbio natural de Jerusalém. Sentado ao meu lado, na praça central, meu amigo asquenaze (judeus originários da Europa Central e Oriental) ignora que sua família mora no Território Palestino. Ou, se não ignora, deseja que eu ignore.

Ma'ale Adumim tem trinta mil habitantes, dez mil a mais do que a população de Jericó. Encravado entre Jerusalém Oriental e Jericó, há pouco elevado à categoria de cidade, o assentamento levou, por seu tamanho, os palestinos a acusarem Israel de querer isolar as duas cidades árabes e separar a Cisjordânia em dois territórios, dificultando ainda mais a criação do Estado palestino.

Explico para Saul que quase duzentos mil israelenses moram em áreas palestinas, em mais de cem lugares diferentes, desde minúsculos povoados nas montanhas a cidades como Ma'ale Adumim. E que outro tanto de patrícios dele moram em Jerusalém Oriental, a parte árabe de Jerusalém.

Ele não sabia.

Pelo menos é o que me diz.

A ONU condena a construção de casas israelenses no território palestino, uma atividade ilegal perante as leis internacionais. Tanto os Estados Unidos como a União Europeia atribuem a essas colônias um dos maiores entraves à paz no Oriente Médio. Washington vem pressionando Tel-Aviv a parar com as novas construções, mas o resultado prático tem sido pequeno.

O presidente Barack Obama pediu a Benjamim Netanyahu que suspendesse o envio de colonos para os territórios palestinos e ouviu do primeiro-ministro israelense a promessa de que não seriam construídos novos assentamentos. E os que tivessem sido realizados de forma ilegal seriam desmantelados.

No entanto, as novas construções continuaram.

Saul me conta que sua família mora em Ma'ale Adumim porque os aluguéis são mais baratos do que em Jerusalém. Apenas por isso. Ele não entende de política nem está interessado. Os policiais fortemente armados que passam em frente ao nosso banco dão ao rapaz a segurança de que ele precisa para se manter alienado de tal problema.

Se ele viajasse para o interior da Cisjordânia descobriria que em algumas regiões as estradas que levam a esses assentamentos são proibidas aos palestinos. O tempo que eles perdem se identificando aos serviços de segurança inviabiliza que trabalhem, estudem ou viajem para lugares que precisam cruzar essas rodovias.

Outra coisa que Saul me diz nunca ter ouvido falar: as discriminações étnicas em Israel se estendem aos próprios judeus. Os *mizrahim* (judeus originários dos países árabes do Oriente Médio e norte da África) foram assentados em pequenas vilas no meio do deserto ou nas fronteiras do país.

Desses árabes judeus, como preferem ser chamados, embora sejam maioria em Israel, apenas dez por cento têm nível universitário, contra trinta e seis por cento dos asquenazes. Certa vez o líder sionista David Ben-Gurion chegou a dizer que Israel não deveria ser influenciada pela cultura desses "marroquinos".

Há mais um problema: os milhares de palestinos que deixaram o território ocupado por Israel e agora vivem no exterior. Eles exigem voltar, mas Tel-Aviv não aceita. E argumenta que, nesse caso, os judeus se tornariam minoria no país.

Meu ônibus chega. Despeço-me de Saul. Ele coloca os fones do iPod no ouvido e volta a ouvir música americana. Eu volto para Jerusalém. Triste. Se jovens como ele não lutarem pela paz, não mudarão o destino de israelenses e palestinos. Se a geração dele não fizer nada, não mudará o destino dos seus próprios filhos.

Olho dentro do ônibus e vejo gente humilde. Trabalhadores, estudantes, mulheres de preto. Preto é a cor dos colonos judeus na Palestina. Há também árabes, com seus turbantes vermelho e branco e seus olhares cinza. Não me parecem matadores, mas vítimas. Vítimas da desesperança.

Se algum dos passageiros carregasse uma bomba na mochila e ela explodisse, matando a todos nós, talvez pessoas como o jovem Saul e tantas outras ao redor do mundo se dessem conta de que Israel viola as leis internacionais no Território Palestino.

E nada acontece.

# 16

## *Muro das Lamentações*

INICIAMOS O PAPO em inglês, como sempre. Mas logo nos descobrimos: ele é argentino, eu brasileiro. Não, não sou judeu; sou jornalista. Uso o quipá porque é proibido aproximar-se do Muro das Lamentações com a cabeça descoberta.

Salomão sabe disso, quer é me provocar.

Ando de boné, o que me dispensaria o solidéu judaico. Mas para entrar no pátio em frente ao Muro é necessário passar pelo setor de segurança, com raios X e revista pessoal, então prefiro usar o mínimo possível de acessórios.

Deixo até a mochila no albergue.

O muro está dividido em dois setores: um grande, onde os homens rezam em voz alta, balançando o corpo para a frente e para trás; outro pequeno, onde em silêncio rezam as mulheres. Que são sempre em menor número. Um casal de noivos, feliz — pelo menos por enquanto —, tira fotos, uma tradição local.

O portenho Salomão mora nos Estados Unidos e está em Jerusalém em missão religiosa: aprofundar-se no estudo da Torá, como ele chama os cinco livros do Pentateuco, parte do Velho Testamento. Uma boa maneira, também, de escapar do serviço militar em Israel. Passamos a conversar em espanhol, é mais fácil para ele expor sua indignação.

Mesmo sem eu ter perguntado.

Eu sei o nome de diversos ancestrais dele, todos heróis, certo? Certo. E dos ancestrais dos palestinos, de quem eu sei o nome? Falo Yasser Arafat. Quem mais? Quem mais? Preciso pensar.

Bem, eu que pense, e pense bastante, mas não descobrirei. Então, por que eles querem esta terra? Que direito eles têm sobre ela? Os ancestrais de Salomão sempre viveram por aqui, a começar por Deus, como está escrito na entrada do pátio. Eu que escrevesse isso quando voltasse ao Brasil. Afinal, não sou jornalista?

Tem disso.

O Muro das Lamentações foi o que sobrou da estrutura que apoiava o lado ocidental da Esplanada do Templo, o terreno onde foram construídos os dois Templos de Jerusalém, o de Salomão e o de Herodes. Outra história bíblica fascinante.

Símbolo da fé hebraica, ponto de referência e lugar de peregrinações, ficou conhecido como Muro das Lamentações porque os fiéis vinham chorar a destruição do Templo do Senhor e orar por sua reconstrução.

Meu amigo argentino não se mostra indignado com os babilônios, que destruíram o templo e escravizaram seus ancestrais, mas com os palestinos. Talvez se ele, além da Bíblia, estudasse um pouco de arqueologia, da arqueologia produzida pelos próprios israelenses, seu ódio aos árabes se amenizasse.

Os arqueólogos defensores da teoria chamada Baixa Cronologia argumentam que as evidências arqueológicas em Israel e seu entorno indicam que as datas postuladas pelos estudiosos da Bíblia estão antecipadas em um século. Talvez mais.

Israel Finkelstein, da Universidade de Tel-Aviv, não acredita que tenha havido um império na época de Davi e Salomão, nem que eles tenham construído qualquer coisa mais importante do que uma simples casa. Quem escreveu essas passagens bíblicas tinha em mente o grande Império Assírio, ali ao lado.

Com relação à própria existência de um Salomão histórico, o professor Israel Finkelstein é mais incrédulo. Se isso é possível.

Ele nos manda examinar Salomão, sua figura, sua presença histórica. Pensar na suntuosa visita da rainha de Sabá, uma rainha da Arábia que vem conhecê-lo, trazendo os mais variados artigos exóticos a Jerusalém.

Essa é uma história impensável antes de 732 a.C., quando teve início o comércio árabe sob o domínio assírio. Peguemos a história de Salomão como o grande preparador de cavalos, carros, exércitos numerosos. Vamos descobrir que o mundo por trás de Salomão é o mundo do século assírio.

É possível.

Os livros do Antigo Testamento que narram as histórias de Davi e Salomão são escrituras redigidas provavelmente uns trezentos anos depois do fato e por autores não muito objetivos. Não existe nenhum texto da própria época para validar o que está descrito neles.

Se os defensores da Baixa Cronologia estiverem certos, Jerusalém passou a ter importância histórica na época dos assírios e veio a se tornar uma grande metrópole apenas no século VII a.C., pouco antes de ser destruída pelos babilônios.

Raphael Greenberg, da Universidade de Tel-Aviv, considera ruim para a arqueologia essa corrida obsessiva para comprovar a narrativa bíblica.

A arqueologia deve contribuir com um ponto de vista que não esteja disponível em textos ou em noções preconcebidas da história. Dar uma visão alternativa do passado: as relações entre ricos e pobres, entre homens e mulheres. Em outras palavras, buscar a reconstrução de uma época, algo mais rico do que apenas validar, ou invalidar, a Bíblia.

Ele tem razão.

Chego ao fim desta crônica pensando: acho que não era bem isso que meu novo amigo argentino tinha em mente quando sugeriu que eu escrevesse sobre o Templo de Jerusalém, ali no outro lado do Muro das Lamentações. Espero que ele entenda que não sou judeu nem palestino, mas um simples jornalista.

Não tenho nenhuma divindade ao meu lado, quer para me proteger ou castigar; apenas um punhado de leitores a quem prestar conta. Não são muitos, mas são fiéis.

De qualquer forma, escrevo um pedido num pedacinho de papel e enfio numa das fendas do Muro, a forma como os judeus se comunicam com Deus.

Vá que Salomão tenha razão.

# 17

## *Bairro Judeu*

PROMETI, PROMETI E PROMETI. Prometi mais uma vez: não faria perguntas. Se conseguiria cumprir ou não, eu saberia apenas durante o encontro. Mas estava determinado.

Me bastava conhecer o cara, apertar-lhe a mão, comentar sobre este ou aquele assunto, sem tocar no assunto. Conheci a história dele através de amigos comuns, uns em Jerusalém, outros nos Estados Unidos. Os amigos insistem, muito. Ele topa, meio a contragosto. Mas topa, e lá me vou.

O Bairro Judeu é o mais moderno da Cidade Antiga. Residencial acima de tudo, até praças tem. Foi destruído durante a Guerra da Independência e, por isso, quando voltou ao controle de Israel, reconstruído. Pedra por pedra, usando apenas material típico da região.

Nos encontramos na praça Hurva. Ele é bem mais velho do que eu pensava, mas simpático. Um velhinho simpático. Quem diria!

A Sayeret Martal (Unidade de Reconhecimento Geral) é a unidade de elite das Forças Especiais da FDI (Força de Defesa de Israel). Considerada uma das melhores do mundo, é a mais qualificada em antiterrorismo. Por sua nótavel experiência se equipara ao lendário Special Air Service britânico.

Ela esteve na operação Cólera de Deus, retratada no filme *Munique*, de Steven Spielberg, e também atuou na Operação Entebe, considerada a missão de resgate mais complexa e perfeita de todos os tempos. Também virou filme.

A única baixa foi o tenente-coronel Jonathan Netanyahu, irmão do primeiro ministro Benjamin Netanyahu, morto por uma rajada de metralhadora. Uma pequena ironia, só para lembrar que nada é perfeito, nem a Unidade. Talvez Deus.

A Sayeret densenvolve milhares de táticas e treina em tempos de paz com outras forças especiais de mesmo nível. Seus membros dificilmente se aposentam e, quando o fazem, ficam em Jerusalém recebendo amigos dos seus amigos. Mas nunca falam dos tempos em que serviram na Unidade. O silêncio é a última missão deles.

Quem sabe, a pior delas.

Diz-se que um ex-matkal, Daniel Lewin, morreu esfaqueado — ou baleado — no voo 101 durante o ataque ao Pentágono, em 11 de setembro de 2001, após ter comandado o motim contra os terroristas, provocando a queda do avião antes de atingir o alvo.

Dizem. Ninguém confirma, nem desmente. Nem poderiam: oficialmente, Sayeret Matical não existe. Da Unidade, diz-se muita coisa, quase tudo. Mas ainda é pouco. Porque pra ela, tudo é possível. Até o silêncio dos seus membros, dos mortos e dos vivos.

Quando fazia parte da Unidade, o ex-primeiro-ministro Ehud Barak participou da operação clandestina Primavera Juvenil. Ele se disfarçou de mulher para matar líderes palestinos envolvidos no assassinato dos atletas israelenses nos Jogos Olímpicos de Munique, no ano anterior.

Ehud Barak ganhou uma medalha pelos serviços distinguidos e outras quatro condecorações pela bravura e eficácia operacional. Trata-se do soldado mais condecorado da história de Israel. E também o de melhor pontaria.

Eu gostaria de falar sobre essas histórias com meu amigo, mas me contive, precisava cumprir a promessa. Tampouco ele responderia. Então, nada de clima tenso.

Após falarmos sobre futebol e carnaval, ele me convida para conhecer a sinagoga Hurva, outra lenda local, ali em frente à praça, no centro do bairro. Enquanto caminhamos ele me conta que a noiva havia morrido num atentado terrorista pouco antes do casamento.

Falou olhando para a sinagoga, não para mim. Acho que conversava com ela, sem dar-se conta da minha presença. Quase um ato falho. Um pequeno rasgo no silêncio, um fiapo do passado querendo espiar o presente. Ficou nisso.

O terreno para a construção do templo foi comprado por um grupo de judeus poloneses tão logo chegaram em Jerusalém, em 1700. Ainda durante as obras, uma rebelião árabe colocou fogo no prédio, deixando-o em ruínas (*hurva*, em hebraico).

Um século e meio depois, judeus lituanos reconstruíram a sinagoga, dotando-a de belíssimos arcos e uma cúpula com 25 metros de altura. Mas não mudaram o seu destino.

Na Guerra da Independência, militares israelenses usaram a sinagoga como *bunker*. Em uma sangrenta batalha, soldados da Legião Árabe da Jordânia tomaram a posição e, após a rendição das tropas judias, destruíram o prédio.

O prédio da sinagoga e todos os outros que havia no Bairro Judeu.

Nos anos seguintes o que restou do quarteirão foi ocupado por famílias árabes muito pobres, por estábulos e lixo. Muito lixo. O Bairro Judeu se transformou na lixeira da cidade. Como havia acontecido séculos antes com o Monte do Templo.

Na Guerra dos Seis Dias, quando Israel retomou a Cidade Antiga, o bairro estava coberto com uma camada de quase dez metros de caliça, destroços e lixo. Ratazanas eram os únicos habitantes.

Foi uma forma de os jordanianos soterrarem no passado a história dos judeus que ali moraram durante séculos. Mas não deu certo: graças a isso, ao lixo, as fundações dos prédios sobreviveram. E sobre elas, os sobreviventes reconstruíram todo o bairro. Tal como era antes, tal como o haviam imaginado todo o tempo em que estiveram longe dele. Tal como eles.

Meu amigo é um bom cicerone, embora fique longos minutos calados, sem que eu saiba por quê. Posso imaginar, mas isso é só a minha imaginação. A realidade deve ser pior. Às vezes, viver é a maior punição. Compartilho o silêncio, e vejo que ele gosta.

*Shalom.*

Nos despedimos sem que eu faça uma única pergunta, algo doloroso para um repórter. Mas eu havia prometido: sem perguntas.

Cumpro, como um bom soldado, essa missão quase impossível.

*Shalom.*

# 18

## *Museu Torre de Davi*

PEQUENO E PRECISO, mas de grande valor — como o seu patrono.

Os grandes museus estão na parte moderna de Jerusalém, como o impressionante Museu do Holocausto, mas este merece uma visita. Além do acervo, repleto de maquetes contando a história da cidade — uma em especial, em grande escala —, a história do prédio é um resumo do que foi Jerusalém ao longo dos tempos.

A Cidadela de Jerusalém foi construída por Herodes, o Grande, pouco antes do nascimento de Cristo, como parte das defesas do seu palácio. Construtor megalomaníaco, ele a ornamentou com três enormes torres, a maior delas inspirada no Farol de Alexandria; cuja base ainda está em pé.

Dá para ver, ali na minha frente, algo mandado fazer por Herodes. Jerusalém é assim, um contínuo *déjà-vu*. Não há uma única esquina que não faça parte da nossa história, que não lembre uma chaga ou uma glória humana.

Tudo se agiganta em Jerusalém.

A cidade havia passado por muitas mãos, por último as dos gregos, antes de ser conquistada pelo Império Romano. Para governar a nova Província, o Senado nomeou Herodes rei da Palestina. A região passava por grande efervescência religiosa, com profetas, profecias e milagres batendo à porta de cada um, e logo viriam os tempos de Jesus.

Quem viveu, viu.

Quem acreditou, viu e sentiu.

Apesar de odiado pelos moradores, o que é normal, o rei transformou Jerusalém numa grande metrópole. Ornou a cidade com edifícios monumentais e, incrível, construiu o Segundo Templo de Jerusalém no mesmo local onde Salomão havia construído o Primeiro Templo.

Após a morte de Herodes, quatro anos antes de Cristo nascer, a cidadela foi atacada por guerrilheiros judeus. As frequentes rebeliões, respostas aos abusos dos romanos, levaram Tito a destruir o Templo de Herodes em 70 d.C..

Parecia o fim, mas era apenas o começo.

Sessenta anos mais tarde, para esmagar nova revolta, liderada por Simon Bar Kochba, a quem alguns judeus chamavam de Messias, Adriano arrasou Jerusalém. Mudou o nome para Aelia Capitolina e os hebreus foram obrigados a abandoná-la, dispersando-se pelo mundo.

Diáspora, esse é o termo.

Quando o imperador Constantino se converteu ao cristianismo, no início do século IV, começou a época bizantina. Ao entrarem em Jerusalém os bizantinos encontraram a cidadela tão danificada que confundiram suas ruínas com o antigo Palácio de Davi, construído no Monte Sião.

Jerusalém, que já havia sido tudo, se tornou — quem diria! — cristã. Com o Santo Sepulcro no centro das atenções, rodeado por igrejas, mosteiros e escolas religiosas. A ordem criada por

Jesus Cristo, o Príncipe da Paz, se instaurara. Os moradores, enfim, pensaram que a era da violência havia acabado.

Ela estava apenas começando.

E como!

No século VII, os persas invadiram a cidade, destruíram o Santo Sepulcro e deportaram a maior parte da população. Para se vingar duma revolta cristã, deram o poder aos judeus; que não sentaram praça por muito tempo.

Poucos anos depois, o califa Omar, sucessor de Maomé, guiou o Islã na conquista de Jerusalém. Com a chegada da religião muçulmana, mais um ponto de discórdia foi acrescentado à tumultuada região.

A história da Palestina não é linear, mas cíclica. Construída camada sobre camada, na maioria das vezes formada por culturas antagônicas, ela vai e vem numa espiral sem fim. Quando se pensa que atingiu o apogeu, ela desmorona; quando se pensa que chegou ao fundo do poço, ela refloresce.

Sempre foi assim.

E talvez siga assim, até o Apocalipse.

Para ressurgir em outra dimensão.

Menos humana — mais simples.

A cidadela, reconstruída pelos muçulmanos, foi tomada pelos cruzados, que acrescentaram as muralhas ao seu redor. Depois ela passou para os mamelucos e mais tarde caiu em abandono. Ficou assim até 1335, quando os turcos restauraram suas muralhas. Não satisfeitos, acrescentaram um minarete, hoje conhecido como Torre de Davi.

Daí o nome do museu.

Um engano.

Mas o rei Davi merece a homenagem. Foi ele quem transformou Jerusalém numa capital. Se foi tão importante, como diz a Bíblia, ou se foi menos importante, como alegam os arqueólogos, não importa. O importante é que ele fez de Jerusalém uma capital.

A cidade entrou em declínio, que durou séculos. No começo do século XIX a população se resumia a pouco mais de onze mil pessoas. Os sionistas então começaram a comprar terras na Palestina e no começo do século XX chegaram a cem mil habitantes.

Em 1917, com a vitória dos Aliados na Primeira Guerra Mundial, a Palestina se transformou num protetorado britânico. Quando o general Edmund Allenby entrou em Jerusalém pela Porta de Jaffa, ao lado da cidadela, ele se tornou o primeiro cristão a governar a cidade desde a última cruzada.

Fim de uma era?

Não. Apenas começava outro round.

Árabes e judeus entraram em conflito e a região se transformou num palco de atentados terroristas de lado a lado, difícil saber qual mais violento. Em 1948, a ONU dividiu o território entre hebreus e palestinos, criando o Estado de Israel.

Piorou.

Os árabes não aceitaram a decisão e os confrontos de guerrilha se transformaram numa guerra convencional: de um lado, Israel; de outro, os países árabes do Oriente Médio. A Guerra da Independência durou quase dois anos, quando um tratado de cessar-fogo dividiu Jerusalém entre Israel e Jordânia.

Jerusalém Antiga, onde estão os lugares santos, tanto cristãos como hebreus e islâmicos, ficou com a Jordânia; e a cidadela se transformou numa base jordaniana. A parte moderna de Jerusalém ficou com Israel. Um muro foi erguido e a população separada: parte na Jerusalém Oriental, parte na Jerusalém Ocidental.

Em 1967, a Jordânia atacou Israel.

Pra variar!

A ousadia foi mal pensada, os tempos de glória haviam ficado para trás. Quando as batalhas se decidiam pela bravura dos guerreiros, os árabes não encontravam fronteiras. Mas a opressão religiosa e as ditaduras políticas impediram que eles evoluíssem.

E agora, quando as guerras se decidem no campo da tecnologia, eles são arrasados à distância. Seus exércitos são eficientes apenas para destruir o próprio povo.

Em dois dias de conflito Israel conquistou Jerusalém Antiga, unificando a cidade. Descobriram então que as sinagogas haviam sido destruídas ou transformadas em lixeiras. Mas uma parte do muro construído para servir de apoio à esplanada onde foram construídos os dois Templos de Jerusalém permaneceu intacta.

Os judeus voltavam ao seu local mais sagrado: a casa de Deus.

Retomava-se a tradição.

Os palestinos, por sua vez, esperam que se cumpra outra tradição: que assim como todos os que vieram se foram, um dia Israel também se vá.

A história está todinha lá, contada no acervo e nas paredes do museu. Registrada na Bíblia e confirmada pelos arqueólogos.

Que, enfim, concordam em alguma coisa.

Caso raro em Israel.

# 19

## *Monte Sião*

CADA UM COM SUA SINA. Até as montanhas. Ninguém, nem nada, tem uma história simples em Jerusalém. Linear, com começo, meio e fim. Que o diga o Monte Sião.

Ele já esteve dentro da Cidade Murada, mas agora está do lado de fora, ao lado da Porta de Sião. Não que tenha mudado de lugar, não; foi Jerusalém Antiga que encolheu. Melhor: os muros que protegem a cidade foram reconstruídos deixando o Monte Sião isolado.

Isso vem do século XVI.

Para economizar tempo e dinheiro, os arquitetos responsáveis pela construção das muralhas atuais resolveram deixar o Monte Sião do lado de fora da área protegida. Quando o sultão Suleiman, o Magnífico, lá em Constantinopla, ficou sabendo da sovinice dos seus construtores, mandou decapitá-los.

Nunca uma economia saiu tão caro.

Teria sido uma vingança do Monte Sião?

Pois ali, em meio a tantos e tantos locais sagrados, que foram se tornando importantes para judeus, cristãos e muçulmanos ao longo dos séculos, há também um lugar moderno, mas nem por isso menos visitado pelos turistas: o túmulo de Oskar Schindler.

Popularizado por Steven Spielberg no filme *A lista de Schindler*, o empresário austríaco que ajudou centenas de judeus a se livrarem do Holocausto repousa no cemitério cristão — ele era luterano —, perto do túmulo do rei Davi.

A vizinhança famosa vai mais longe.

Em uma casa ali perto Jesus reuniu os apóstolos para a Última Ceia, quando foi instituída a Eucaristia. A sala onde o encontro se deu é considerada o quarto lugar mais sagrado para os cristãos e o quadro de Leonardo da Vinci retratando o sublime momento é um dos mais populares ícones do cristianismo.

Neste mesmo local, sete semanas depois, o Espírito Santo se manifestou a Maria e aos apóstolos durante o Pentecostes. Tá lá na Bíblia.

O prédio atual, uma reconstrução dos cruzados, foi transformado numa mesquita pelos turcos. Resultado: cristãos e judeus ficaram proibidos de visitá-lo. Por quase cinco séculos!

E o Monte Sião assistiu a tudo, impávido.

Quando a Palestina se tornou um protetorado britânico o local acabou fechado pelos ingleses, que temiam conflitos religiosos. Os prédios mais importantes no Monte Sião continuavam fora do alcance dos fiéis.

Cada um com a sua desculpa.

Mande quem mande, o povo fica sempre de fora.

O povo e o Monte Sião.

Até que Israel assumiu o Monte Sião. E ele pode, finalmente, ser acessado pelos seguidores de todas as religiões. Ao lado do prédio com o túmulo do rei Davi e a sala onde ocorreu a Santa Ceia, outros templos foram construídos.

A Igreja da Transição, um pouco acima do túmulo de Schindler, é beneditina. E belíssima, um contraste com a aspereza do local. Projetada pelo arquiteto Heinrich Renard em estilo românico, foi construída onde a Virgem Maria caiu em sono eterno. Uma imagem dela dorme na cripta, enquanto Jesus a chama ao Paraíso.

Fiquei pouco tempo por ali, mas logo me fui. Quem não é visto não é lembrado, sempre ouvi dizer. Até aceitaria um possível convite — mas não agora!

Devido à altura da torre e à posição ao lado das muralhas, durante as guerras ela foi usada pelos combatentes israelenses para atirarem contra as forças jordanianas, dentro da Cidade Murada. Na Guerra dos Seis Dias, os soldados apelidaram o campanário de *bobby*, porque o formato do seu topo se parecia com os capacetes usados pelos policiais londrinos.

Um pouco mais além está a Igreja de São Pedro em Galicanto, onde Jesus disse a Pedro que antes que o galo cantasse ele já o teria negado três vezes. Ou algo assim. Citar a Bíblia de memória não é o meu forte. Mas vale a intenção.

Construída sobre as fundações de uma igreja bizantina, mais tarde reformada pelos cruzados, acredita-se também que ela marque o local onde morava o sumo sacerdote Caifaz. Há por ali uma caverna que teria servido de prisão a Jesus.

Acredite ou não, vale a pena a visita.

A visão que se tem das ruínas da Cidade de Davi, do bairro árabe de Silwan e dos três vales em torno da Cidade Antiga é divina.

Como o Monte Sião.

# 20

## *Santuário do Livro*

VOCÊ GOSTA DE SUCO DE ROMÃ? Ou, por acaso, já viu algo mais velho que o rascunho da Bíblia? Não? Saiba que ambos existem. Estão ali, no Santuário do Livro, na parte moderna da cidade.

O Museu de Israel é formado por vários pavilhões, cujas linhas arrojadas se integram na paisagem das colinas salpicadas de oliveiras e ciprestes. Preciso de um dia para conhecê-lo. Isso, que não sou chegado a museus. Prefiro a vida atual.

(Ah, preciso dizer que essa é uma opinião formada dentro dos museus brasileiros, pouco mais do que depósitos de coisas velhas. Mas há exceções, claro, quase todas no exterior.)

Uma visita às dependências do Museu de Israel nos coloca diante da história da região nos últimos cinco mil anos. Há histórias e estórias, dependendo da credulidade de cada um. Há coleções de objetos para todas as crenças. E até para os que não creem em nada, nem em si mesmos.

Como todo bom museu.

O acervo vai desde uma estela com a inscrição "Casa de Davi", única referência não bíblica ao rei Davi, até um busto de bronze de Adriano, considerada a mais bela imagem do imperador romano. Sem contar a parte contemporânea, com seus Renoir, Gauguin, Matisse, Van Gogh e companhia. Sem menosprezar as companhias.

Ou o suco de romã, das romãs mais doces que já encontrei.

O mais importante dos pavilhões é o Santuário do Livro, onde estão guardados os Manuscritos do Mar Morto. O prédio exalta, no contraste entre a abóbada branca e o muro de basalto negro ao lado, o combate entre os Filhos da Luz e os Filhos das Trevas. Poderia dizer: entre os que escrevem livros e os que os destroem.

Há tanto uns como os outros. Ainda hoje, acredite.

A forma de tampa de pote do teto do prédio lembra os jarros de cerâmica onde estavam os manuscritos. Depois de 19 séculos — 1.900 anos! — escondidos nas cavernas, como proteção contra a fúria inculta dos soldados romanos, os livros agora se exibem no jarro-biblioteca gigante.

Eles formam uma coleção, quase mil documentos, encontrados entre 1947 e 1956 em onze grutas próximas do mosteiro Qumran, no território da antiga Judeia, ao lado do Mar Morto. A descoberta se deu por acaso, quando um pastor beduíno procurava por uma cabra que havia se perdido.

Vasculhando caverna a caverna, nas encostas abruptas das montanhas, o garoto encontrou o que os estudiosos classificaram como a descoberta mais importante da história do povo judeu. Nunca, em todo o mundo, se soube de outra cabra que tenha contribuído tanto para a história de uma nação.

Espero que não a tenham sacrificado ao Senhor dos Exércitos.

O jovem palestino, ao atirar uma pedra dentro da caverna, em vez de ouvir o berro do animal, como esperava, ouviu o estalar de um jarro se partindo. Pensou que fosse um tesouro e logo chamou os adultos.

Decepção total.

Tratava-se apenas de livros.

Rasgaram alguns, queimaram outros. E tentaram vender o que restou a algum curioso em Belém. Ninguém se interessava. A muito custo, e por um preço baixo, passaram adiante os pergaminhos. E ficaram felizes por se livrarem daquelas tralhas.

A autenticidade dos documentos foi confirmada, soube-se que havia ali um tesouro. O governo israelense comprou o material achado na primeira caverna, então nas mãos de colecionadores particulares. Que venderam por um bom dinheiro.

Iniciava outro capítulo da História de Israel.

Talvez o mais importante, porque documentado na origem.

Os manuscritos descobertos nas outras dez cavernas se mantiveram intactos após serem encontrados. Foram adquiridos pelo Museu Arqueológico da Palestina, da Jordânia, que controlava Qumran. O governo autorizou apenas oito pesquisadores a trabalharem nos textos.

Com a Guerra dos Seis Dias, Israel conquistou o território e se apropriou do acervo do museu. Porém, mesmo com a entrada de estudiosos judeus, o avanço nas pesquisas não foi significativo.

Apenas em 1991, com a quebra de sigilo por parte da Biblioteca Hutington em relação aos microfilmes que Israel enviara a algumas instituições pelo mundo, um número maior de tradutores passou a ter acesso aos documentos, e as pesquisas avançaram.

Os textos foram compilados entre o século III a.C. e o primeiro século da era cristã, em hebraico, aramaico e grego. A maior parte consiste de pergaminhos, sendo uma pequena parcela de papiros e um deles gravado em cobre.

Além de serem mil anos — 1.000! — mais antigos do que os registros do Velho Testamento até então conhecidos, eles oferecem uma vasta documentação sobre o período em que foram escritos, revelando aspectos do contexto político e religioso nos tempos do nascimento do cristianismo e do judaísmo rabínico.

Embora a maioria dos rolos esteja fragmentada, com menos de um décimo do conteúdo original, eles contêm pelo menos uma parte de cada um dos livros das escrituras hebraicas, exceto o Livro de Ester.

Santa exceção é o de Isaías, o maior e mais bem preservado deles, único texto que sobreviveu intacto. Com sete metros de comprimento, escrito em aramaico, suas 54 colunas contêm todos os 66 capítulos do Livro de Isaías, prova de que os copistas judeus, ao longo dos tempos, foram fiéis aos textos primitivos.

O rolo de Isaías está no centro da sala de exposições, bem ali na minha frente. É curioso, muito curioso. Ver um texto escrito há tanto tempo e guardado com tamanho zelo dá o que pensar. O povo judeu, em vez de construir pirâmides, palácios e estátuas gigantes, se dedicava a escrever e guardar seus livros.

O Povo do Livro.

Embora demonstrem que a Bíblia não sofreu mudanças fundamentais, os manuscritos revelam, até certo ponto, que havia diferentes versões dos textos usados pelos judeus no período do Segundo Templo, cada um com as suas próprias variações. Assim, esta nova fonte de pesquisa fornece uma excelente base para o estudo da transmissão do texto bíblico hebraico.

Nunca encontrei, em qualquer museu do mundo, maior tesouro.

Nem melhor suco de romã.

# 21

## *Sinagoga Ben Zakai*

ISRAEL NÃO TEM IGUAL. Falo do garoto, não do país; embora o adjetivo sirva para os dois. Mas esse Israel está sempre um passo a minha frente. Quando me mostra a cidade ou quando negociamos na loja do pai dele.

Nada quero, mas é só entrar e ele tenta me vender algum suvenir. Digo que já tenho tudo, é a quinta vez que venho a Jerusalém, não desejo levar mais bugigangas pra casa; não me atraem essas lembranças vendidas na cidade, a maioria *made in China*.

Se ele tivesse algo interessante, talvez fizéssemos negócio.

Vai que um dia ele me diz que tem algo para mostrar. Ali perto, na sinagoga. E lá nos vamos. Ele não tem nada pra fazer, eu menos ainda.

Ben Zakai.

Construída originalmente há quatro séculos, o nome da sinagoga se deve a um rabino que conseguiu escapar à perseguição dos romanos à época do Segundo Templo. Mas não é o prédio que ele quer mostrar. Ele tem uma carta na manga, maior do que um ás. É o que insinua.

Eu que tenha calma, precisamos entrar. Meu amigo sefardita (judeus de origem ibérica) me leva para conhecer uma sinagoga sefardita. Há quatro delas por ali, mas esta é especial. Fico curioso.

Entramos.

Lá dentro há um *shofar*, que ele mostra com grande orgulho.

Acostumado com berrantes e outros quetais, olho com um certo desdém. Ele insiste na importância da relíquia e me ponho a pensar para que diabos servirá aquela corneta feita de chifre de carneiro. Tão pequena, de pouco adiantaria se a boiada estourasse.

Antes que eu continue a visita pelo interior da sinagoga, ele explica, já meio impaciente.

Aquele *shofar* está ali desde sempre e deverá ser usado para anunciar a chegada do Messias.

Hã!

Tem mais.

Calma, preciso me recuperar.

Tem mais, tem mais.

Mais? Impossível. Impossível que haja ali algo mais impactante do que a corneta que deverá ser usada para anunciar a chegada do Filho de Deus.

Mas tem.

Um frasco de óleo de oliva.

Bom, bom, bom. Para que serve? Que o diga, não me atrevo a arriscar um palpite.

Pois será utilizado para untar o corpo do Messias quando ele entrar na sinagoga.

Claro, claro. Óbvio, como não pensar nisso.

Mas há outra coisa ainda.

Não!

Há um túnel, que ainda não se localizou, mas há, que liga a sinagoga ao Monte do Templo, para que o Messias possa caminhar de lá para cá e de cá para lá sem precisar se expor aos curiosos nas ruas da cidade. Nem correr o risco de ser atropelado pelo carrinho de lomba de algum garoto palestino.

Voltamos para a loja do pai de Israel, ele sempre um passo a minha frente.

Compro umas medalhas com a efígie de Jesus de um lado e da Virgem Maria de outro. Ele garante que é de prata. O preço, pelo menos, é.

Ah, compro também um crucifixo de resina, desses que imitam madeira.

# 22

## *Qumran*

PRECISAVA CONHECER O local onde os Manuscritos do Mar Morto foram encontrados. O Parque Nacional Qumran fica perto de Jerusalém, como quase tudo na Palestina, e pode ser visitado num dos *tours* que saem da cidade repletos de turistas.

Embora, fácil constatar, a maioria dos visitantes não tenha a verdadeira noção do que está presenciando. Preocupam-se, muito mais, em fotografar-se sobre as ruínas do mosteiro ou com as cavernas ao fundo, lá nas montanhas.

Bem, bem.

Há um pequeno museu, no Centro de Visitantes, onde se assiste a um rápido documentário contando a história dos antigos moradores: como viviam, a que se dedicavam e, em especial, quais eram suas crenças.

A autoria dos manuscritos é controversa. Com base em referências cruzadas com outros documentos históricos, ela é atribuída aos essênios, uma seita judaica que viveu ali. Seus rituais guardam semelhanças com as práticas identificadas nos textos, embora o termo essênio não apareça nenhuma vez nos documentos.

A comunidade de Qumran foi se constituindo pelos fiéis que abandonavam as cidades para conservarem as tradições dos profetas. Eles se opunham à religiosidade sacerdotal, por a considerarem decadente e corrompida. Se consideravam o único povo escolhido de Israel e por isso evitavam contatos com as demais seitas judaicas.

Os documentos que descrevem as crenças essênias mostram que não havia apenas uma forma de judaísmo no tempo de Jesus. Os essênios tinham tradições diferentes, tanto dos fariseus quanto dos saduceus, os outros dois ramos em que se dividiam os hebreus.

Assim, como era de se esperar, refugiaram-se no deserto, numa rotina de rigorosos hábitos. Suportavam, com admirável estoicismo, as maiores privações, tudo para não violar o menor preceito religioso.

Suas refeições eram frugais: legumes, azeitonas, figos, tâmaras e um tipo rústico de pão, feito com pouco fermento. Além de ruim, a comida era pouca. Evitavam, com isso, o pecado da gula.

Meio na marra, mas valia.

Vestígios encontrados nas ruínas do mosteiro indicam que se vestiam apenas com túnicas brancas e acessórios simples. Havia uma interpretação bem rígida da guarda do sábado: seus manuais de disciplina proibiam, entre outras coisas, que cagassem neste dia, o que seria considerado uma ofensa a Deus.

Não sei como faziam, mas faziam.

Quer dizer: não faziam.

Ainda hoje, nas casas dos judeus ultraortodoxos, que levam o *shabat* — dia totalmente dedicado ao descanso, como fez Deus — ao pé da letra, até o papel higiênico é cortado na véspera.

Problema que Deus não teve.

Os livros bíblicos mais populares em Qumran eram os Salmos (36 exemplares), Deuteronômio (29 exemplares) e Isaías (21 exemplares). Para a época, uma bela biblioteca.

Os documentos afirmam que eles eram celibatários, mas foram encontrados fósseis de mulheres em seus cemitérios. Como sempre, o pecado mora ao lado. Pecado na visão deles, é bom que se diga!

Preocupavam-se com a purificação pessoal, banhando-se várias vezes ao dia. Acreditavam limpar não só o corpo, mas também a alma. O ritual consistia em relatar as faltas a um superior e então submergir, práticas que lembram o batismo e a confissão cristã.

Diversos fragmentos de rolos mencionam o Messias, cuja vinda era encarada como iminente. Isso é de interesse especial por causa do comentário de Lucas, de que "o povo estava em expectativa" da vinda do Messias.

Possuíam, muito antes de Cristo, práticas e terminologias consideradas exclusivas dos cristãos. Acreditavam na redenção e na imortalidade da alma e compartilhavam um repasto litúrgico de pão e vinho, presidido por um sacerdote abençoado com a revelação divina.

Há quem afirme que Jesus viveu entre eles dos treze aos trinta anos. Há também quem afirme que isso é uma grande fantasia. A controvérsia é grande. Como quase tudo na Palestina.

Enfim.

Quando não estavam cultivando tâmaras nem cuidando das cabras, procuravam servir a Deus auxiliando o próximo. Não havia imolação em altares nem culto a imagens; uma tradição naqueles dias. Não existia propriedade privada nem escravos, práticas que acreditavam não estar de acordo com a missão que Deus dera aos homens.

Anteciparam os kibutzim. Ou o marxismo. Seria Fidel Castro a reencarnação de um sacerdote essênio? Acho difícil, eles não fumavam.

Possuíam moralidade exemplar através de costumes corretos e pacíficos. Dedicavam-se ao estudo espiritualista, à contemplação e à caridade, ao contrário do materialismo da época. Fico imaginando se eles vivessem hoje. O que achariam dos shopping centers?

Quando tiveram a santa ideia de colocar seus livros em jarros e escondê-los nas cavernas ao redor do povoado, mesmo correndo o risco de nunca serem encontrados, prestaram um enorme serviço à Humanidade. Algo que talvez nem eles, tão ciosos dos seus costumes, pudessem imaginar.

Percorrendo as ruínas das fundações das casas onde viveram e vendo a forma como foram destruídas pelos romanos, não há dúvida de que tomaram a decisão correta.

Santo sectarismo.

# 23

## *Basílica de Santa Ana*

Ana do Perpétuo Socorro garante que estamos diante da mais bela igreja de Jerusalém. Ela esteve na cidade outras vezes, sabe do que fala. Deve estar certa, pois se tem algo que a baiana entende são as igrejas católicas; embora nesse caso a parada seja dura.

São tantas igrejas, cada uma mais especial que a outra que fica difícil estabelecer um ranque. Mas essa, se não é a mais bonita, é uma delas. Pelo menos a mais bem-conservada, ah, isso ela é. De longe.

Parece que foi construída ontem.

Mas não.

É a mais antiga da cidade.

Melhor exemplo da arquitetura dos cruzados em Jerusalém, a Basílica de Santa Ana foi construída em 1141, no local onde viviam os pais da Virgem Maria, ao lado dos tanques em Betesda. Era ali que os doentes, proibidos de entrar no Templo de Jerusalém, esperavam curas milagrosas.

O prédio é assimétrico: colunas, janelas e mesmo as escadas variam em tamanho. Talvez seja essa distorção que o torne especial, um encanto que não consigo identificar de onde vem. A beleza austera é realçada pelas três naves, com os elegantes capitéis onde se apoiam os arcos abobadados. Na cripta subterrânea, um altar barroco lembra o nascimento da mãe de Jesus. Comovente.

Obra de arte.

Pura.

Destaca-se também pela acústica. Ana do Perpétuo Socorro puxa uma Ave-Maria e sua voz ressoa nas paredes nuas de quadros e imagens. Conheci a peregrina no Bairro Cristão, entre a apreciação de uma igreja e outra. Não é divertida, como são os baianos; mas, como eles, sabe tudo de igrejas.

O catolicismo e o candomblé fizeram da Bahia a baía de todos os santos.

Ana do Perpétuo Socorro — ela assim exige ser chamada, pelo nome completo — reza a Ave-Maria todos os dias. Mesmo em viagem, não larga o rosário da mão. Isso eu vi.

Sempre que pode, ela visita o Oriente Médio. Conhece de cor os lugares sagrados do catolicismo, desde a igreja sobre a gruta onde Nossa Senhora, São José e o menino Jesus se esconderam, no Egito, até o Mar da Galileia, na fronteira entre Israel e Síria.

Mas para por aí.

Por opção.

Nunca entrou numa sinagoga, muito menos numa mesquita; nem se interessa pelos pontos turísticos. Não tem por que perder tempo com lugares profanos. A única religião, a verdadeira e única religião, é a católica, revelada por Nosso Senhor. As demais religiões, e toda esta modernidade que se vê mundo afora, são coisas do anticristo.

Ave!

Ao lado da basílica há um sítio arqueológico com ruínas de cisternas, palácios e templos da época dos romanos. Ana do Perpétuo Socorro conhece bem a história dos tanques milagrosos do vale Betesda.

De tempos em tempos um anjo do Senhor descia ao tanque, e a água se punha em movimento. O primeiro que entrasse ficava curado de qualquer doença que tivesse. A quem não podia se mover, Jesus dava uma mãozinha.

Ana do Perpétuo Socorro cita a Bíblia, de memória.

Estava ali um homem, enfermo havia trinta e oito anos. Vendo-o deitado e sabendo que já havia muito tempo que estava enfermo, perguntou-lhe Jesus: "Queres ficar curado?" O enfermo respondeu: "Senhor, não tenho ninguém que me ponha no tanque, quando a água é agitada; enquanto vou, já outro desce antes de mim."

Levanta-te, toma o teu leito e anda.

No mesmo instante aquele homem ficou curado, tomou o seu leito e foi andando.

Ainda bem que Jesus não aceitou a desculpa do cara, por certo tomado de uma santa preguiça. Vivia-se numa época em que pedir esmolas dava mais lucro que trabalhar.

Brinco com ela, dizendo crer em Jesus, como todos, mas que tenho dificuldade em acreditar nos milagres a ele atribuídos. Nada pessoal. Tenho dificuldade em acreditar em tudo que contrarie as leis da natureza, em especial a Física e a Química.

Pra quê!

Ela roda a baiana.

Meu senso de humor nem sempre cai bem. Com relação às religiões, então, quase sempre cai mal. E como cai, seja qual for o crente à minha frente.

Ana do Perpétuo Socorro me ameaça com o Novo Testamento, que ela abre ao acaso. Como por milagre, cai na página certa.

"Em seguida Jesus disse aos seus discípulos: 'Se alguém quiser vir comigo, renuncie-se a si mesmo, tome sua cruz e siga-me. Porque aquele que quiser salvar a sua vida, irá perdê-la; mas aquele que tiver sacrificado a sua vida por minha causa, irá recobrá-la.'"

A danada leva jeito, admito.

Para não apanhar ali mesmo, em meio a tão grande número de turistas, e sair pedindo socorro, ouço em silêncio. Decido acompanhar os ensinamentos da Ana do Perpétuo Socorro sem fazer comentários engraçadinhos. Dá certo.

A aula de catecismo continua.

Dona Ana (*graça*, em hebraico) pertencia à família do sacerdote Aarão. Seu Joaquim, marido dela, pertencia à família real de Davi. Não tinham filhos, motivo pelo qual viviam sendo criticados pelo sacerdote Rubem.

Naquela época, como se vê, ao contrário de hoje, não ter filhos era um grande problema. Não havia cães de estimação, gatos... essas criaturas que substituem os filhos nos casais modernos.

Mas Ana do Perpétuo Socorro não é dessa laia. Ela tem duas filhas. Estão num convento, logo serão noviças. Dou-lhe os parabéns, e fico lastimando pelas meninas. É provável que tenha obrigado as filhas a serem o que ela queria ser.

Cada um com sua cruz.

Bem, voltando ao assunto: seu Joaquim estava enrascado, como estivera antes o velho Abraão. E como Sara, dona Ana também era idosa e estéril. Mas seu Joaquim não desistiu. Queria, pelo menos, tantar mais uma vez. Nem que fosse a última tentativa.

Confiando no poder divino, mais do que na medicina, que não era grande coisa mesmo, ele se retirou para o deserto para rezar e fazer penitência. Lá pelas tantas o anjo do Senhor apareceu, dizendo que Deus ouvira suas preces, já podia voltar para casa; Ana o esperava.

Seu Joaquim voltou, mais que depressa.

Todo ouriçado.

Não deu outra: apesar da velhice seu Joaquim funcionou e dona Ana ficou grávida. Mas não foi assim uma gravidez qualquer, não. A paciência e a resignação com que o casal enfrentou a esterilidade premiaram-lhes com uma menina, a mulher que viria a ser a mãe de Jesus.

Ela foi batizada Miriam (*Senhora da Luz*, em hebraico). Ou Maria, em latim. Oferecida ao Templo de Jerusalém, viveu nele dos três aos doze anos. Dona Ana virou Santa Ana e seu Joaquim, São Joaquim.

Nada mal para quem vivia às turras com os sacerdotes.

Ana do Perpétuo Socorro não gosta do meu comentário. Como não havia gostado dos anteriores. Ana mais sem graça, essa.

Resolvemos então continuar a peregrinação separados, cada um vendo o que lhe convém. Melhor assim.

Este negócio de tolerância religiosa é complicado.

# 24

## *Nazaré*

CIDADE MAIS CONFUSA, nunca vi. A começar pelo horário de funcionamento das lojas. Ou pelos quadros das igrejas. E muito, muito mais.

Eu nunca havia lido nada sobre ele, mas isso pouco significa. Ali está o mosaico de Pape Segan para comprovar sua importância artística, e pronto. Intitulado *Padroeira do Brasil*, mostra Nossa Senhora Aparecida sendo retirada do rio na tarrafa de dois pescadores.

A Basílica da Anunciação, construída sobre as ruínas da casa da Virgem Maria, onde ela recebeu do anjo Gabriel a notícia de que estava grávida do Filho de Deus, é um dos lugares mais sagrados da cristandade. Maior igreja do Oriente Médio, seu domo tem sessenta metros de altura e marca o perfil da cidade de Nazaré, na Galileia.

Projetada pelo arquiteto Giovanni Muzio sobre as ruínas de uma capela da época dos cruzados, que por sua vez fora construída sobre uma igrejinha bizantina, seus diversos pisos estão integrados num mesmo átrio. Permite assim que os fiéis tenham uma visão geral da igreja. Um cordão isola os espaços onde os turistas não devem passar, em especial quando há missa.

É o caso.

Um padre reza para um grupo de senhoras num dos altares, um nível abaixo de onde me encontro. Surpreso, descubro que a jovem guardiã do cordão é brasileira. Vi muitas brasileiras em Israel. A maioria vai prestar serviço militar, outras poucas vão rezar.

Na Terra Santa, Deus faz justiça pelas mãos delas, cada uma a seu modo. Umas seguem o Senhor dos Exércitos, outras seguem o Príncipe da Paz. Maria Célia, a jovem guardiã, da Basílica da Anunciação, me conta, com alegria, que por intermédio dela Jesus semeia tolerância e generosidade.

Acredito em seu ar angelical.

Acredito no seu jeito de ser brasileira.

Tanto que peço para conhecer melhor a igreja e ela dá um jeitinho, me permitindo acessar a área restrita. Nada contra a disciplina da moça, a técnica que é irresistível.

Ela sabe. Você também.

O mundo sabe.

Administrada pelos franciscanos, a basílica está decorada com obras de arte enviadas pelas comunidades católicas de diversas partes do mundo, inclusive do Brasil. Daí, o mosaico de Pape Segan. Belíssimo, por sinal.

Pape Segan não aparece na Bíblia, então fui procurá-lo no Google. Também não o encontrei. Mistério, mistério. São curiosos os critérios do senhor, do senhor que o escolheu para fazer a obra.

Minha expedição a Nazaré (*An-Nasra* para os árabes) serviu também para visitar outros lugares importantes, como a Igreja de São José, construída sobre a carpintaria de José; a curiosa Igreja-sinagoga greco-católica, construída pelos cruzados no local onde havia a sinagoga usada pelo jovem Jesus; e a Igreja Mensa Cristã, onde está a rocha que Jesus e seus discípulos utilizaram como mesa — daí o nome — após a Ressurreição.

Como bom democrata que sou, visito também a Igreja Grega Ortodoxa de São Gabriel. Segundo os ortodoxos gregos, foi na fonte sob essa capela que o anjo Gabriel apareceu à Virgem Maria para anunciar que ela estava grávida do Filho de Deus, e não em sua casa, onde está a basílica católica.

Há ainda, em frente à Igreja de São Gabriel, mais uma fonte. A julgar por outras crenças, foi ali, enquanto a Virgem Maria tirava água, que o anjo Gabriel apareceu. Existem outras igrejas, de todas as seitas cristãs, dedicadas às diversas passagens de Jesus pela cidade.

Estão todas ali, basta crer.

Com trezentos habitantes na época de Jesus, quase todos analfabetos, a pequena Nazaré se transformou na maior cidade árabe em Israel. Eles já viviam na região quando o Estado judeu foi criado e, por terem optado pela nacionalidade israelense, têm passaportes de Israel.

Esses árabes israelenses são discriminados pelos árabes palestinos, alguns os consideram traidores. Traidores da causa palestina, não do Islã, pois continuam muçulmanos.

Tanto que costumam lembrar o dia nacional de Israel, data da fundação do Estado hebreu, como Dia da *Nakba* (catástrofe, em árabe). Em alguns lugares, os protestos são organizados pelas próprias prefeituras.

Como nesta terra toda ação corresponde a uma reação, e imediata, o parlamento aprovou uma lei determinando que instituições financiadas pelo Estado paguem multas caso celebrem a data com demonstrações de luto pelas consequências sofridas pelos palestinos. Órgãos que recebem verbas públicas estão proibidos de financiar qualquer atividade que possa abalar os fundamentos do Estado e contradizer seus valores.

A iniciativa foi do partido Israel Beitenu, do ministro das Relações Exteriores, Avigdor Lieberman. Para ele, a lei devolve a sanidade a Israel, pois nenhum país aceitaria que um órgão financiado por verbas públicas hasteasse uma bandeira negra no dia de sua independência.

A aprovação da lei foi alvo de algumas críticas, como era de se esperar numa democracia. O jornal israelense *Haaretz* afirmou em editorial que ela limita a liberdade de expressão.

Outra lei de iniciativa do ultraconservador partido Israel Beitenu dá às autoridades municipais o direito de rejeitar novos moradores que possam afetar a coesão interna. Ela atingirá cidadãos israelenses árabes que quiserem ser admitidos em povoados habitados por cidadãos israelenses judeus.

Um país, duas classes de cidadania.

Divididos pelo preconceito.

Israel precisa respeitar a diversidade étnica e religiosa dos seus cidadãos. Como qualquer Estado moderno. Seria como se algum brasileiro fosse impedido de morar na católica Porto Alegre por ser budista. Ou de origem árabe. Ou judia. Ou seus pais terem nascido na Argentina.

A lei também não passou em vão.

Há uma tênue luz lá no fim, emitida pelos próprios israelenses.

A Associação Israelense de Direitos Civis entrou com um recurso no Supremo Tribunal de Justiça exigindo que a Corte cancele a nova lei. De acordo com a ONG, a lei fornece uma licença para a discriminação.

Mas não param por aí as confusões em Nazaré.

Ou An-Nasra.

Até o horário do comércio é complicado. Quem chega a Nazaré aos sábados encontra as lojinhas, espalhadas pelas ruelas do mercado, na parte antiga da cidade, abertas; ao contrário de Jerusalém, onde o *shabat* (dia religioso judaico, entre o pôr do sol de sexta-feira e o pôr do sol de sábado) é sagrado. Mas se você chegar numa sexta-feira (dia religioso islâmico), todo o comércio estará fechado.

É para fundir a cabeça de qualquer cristão.

# 25

## O Muro de Israel

MUITOS ÔNIBUS, pouca informação. É sempre assim, em qualquer lugar que se vá. Ônibus pra lá, ônibus pra cá, e a gente correndo atrás. Quando encontramos aquele que estamos esperando, ufa, que alegria. Mas não há saída, a não ser de ônibus, a melhor maneira de se conhecer um país.

A alternativa seria a pé, mas é muito demorado. E a gente cansa.

As placas de sinalização de trânsito em Israel são trilíngues: hebraico, árabe e inglês; mas na ausência delas fico meio confuso. Os trabalhos mais simples, como de motorista de ônibus, largador e cobrador são realizados pelos árabes.

Eles, ao contrário dos judeus, quase nunca falam inglês.

E quando falam!

Você já ouviu gaúcho da fronteira falando francês? Certas coisas não combinam.

Mas viajar é preciso, então vamos em frente.

Descubro a rodoviária árabe. Pelo tumulto. E pela gritaria.
O ônibus que vai até o posto de controle na fronteira com a

Cisjordânia, a poucos quilômetros do centro de Jerusalém, está para sair.

Lotado, aos poucos se esvazia ao cruzar a periferia da cidade.

Único passageiro a descer no fim da linha, caminho alguns metros até a guarita do Exército. Ai, ai. Preciso da ajuda dos deuses, qualquer um deles. Em tais momentos sou pouco seletivo. Se algum santo estiver por ali, também serve. Pai de santo, fada, gnomo... Todos são bem-vindos.

Mostro o passaporte brasileiro e as cancelas se abrem. Opa! Será que os deuses estão ao meu lado? Preciso ser menos cético. E mais sério.

A jovem militar, fardada e armada até os dentes, se mostra feliz: também é brasileira.

Ah!

Presta serviço militar em Israel cuidando das fronteiras. Ver pessoas assim, tão jovens, com tanta arma, cada qual mais mortal, me confunde. Uma brasileira, então! Estou mais acostumado a associar nossas garotas a praias, baladas e cursinhos pré-vestibular. Fico pensando: será que essa menina leva essa *mise-en-scène* a sério?

Pior que leva.

Melhor: pior que precisa levar.

Uma vez um garotinho palestino se aproximou de um posto militar e o soldado o mandou parar. Indiferente à ordem, a criança continuou na direção da guarita. O soldado uma segunda vez o mandou parar. Ele ignorou a ordem do militar e, quando chegou perto, a sentinela atirou. Ele caiu no asfalto, fuzilado. Ao correr para ver se o socorria, as bombas que o menino trazia sob as roupas explodiram. O soldado morreu ali, junto com ele.

Deixo a brasileira com suas histórias e caminho alguns passos até o muro que Israel levantou para separar seu território da Cisjordânia. Os palestinos que vivem no lado de dentro da muralha têm passaportes jordanianos e só podem entrar em Israel com autorização especial e em alguns postos de controle específicos.

Quem diria!

Na abertura por onde passo — que dá acesso rodoviário a Belém —, em seu lado direito, há uma série de grafites, a maioria com frases de protesto. Há também desenhos de humor, textos irônicos e outros esperançosos. Pintado por artistas consagrados ou palestinos anônimos, o muro é tão odiado que há aqueles que são contra as pinturas por entenderem que elas o legitimam.

A própria barreira de concreto está isolada por uma faixa de exclusão, de onde ninguém pode se aproximar. Pontuada por câmeras, sensores e torres de vigilância com franco-atiradores, é intransponível. Chega a ter, em algumas partes, oito metros de altura, contra os quatro metros do Muro de Berlim, de quem herdou a antipatia mundial.

Bem merecida!

Além disso, o muro nem mesmo foi construído sobre a fronteira estabelecida por Israel — e contestada pelos árabes, claro —, após a Guerra de 1967. Em muitos lugares ele avança pelo território palestino para cercar e proteger os assentamentos judeus. Assentamentos considerados ilegais pela ONU.

Os palestinos o chamam de Muro do Apartheid, considerando-o parte da contínua campanha de limpeza étnica praticada por Israel. Campanha iniciada antes da criação do Estado judeu e continuada com a Guerra da Independência.

Exemplos, há de sobra.

Em Deir Yassin, uma aldeia árabe perto de Jerusalém, os militares israelenses mataram 258 dos setecentos moradores. Entraram atirando e, sem encontrar resistência, foram fuzilando as pessoas. Quem sobreviveu, fugiu. E esse era o propósito. Ironia é pouco.

Os israelenses alegam que os ataques terroristas diminuíram após a construção do muro. Impedidos de entrar livremente no território judeu, os homens-bomba diminuíram sua atividade. A população civil de Israel está mais tranquila.

Outra verdade.

Os dois lados acham que têm razão.

E têm, mas só até certo ponto.

Em algumas localidades, como na vila de Bil'in, onde sessenta por cento da área agrícola foram ocupados pelo muro, há manifestações pacíficas quase toda semana, organizadas por israelenses, palestinos e pacifistas internacionais. A elas, o Exército de Israel tem respondido com canhões de água, gás lacrimogêneo e balas de borracha.

Dizem que dói.

A briga vem de mais longe.

A Cisjordânia está localizada nas terras bíblicas da Judeia e Samaria, por isso é reivindicada pelos judeus ortodoxos. O primeiro-ministro Yitzhak Rabin, um dos maiores heróis israelenses, foi assassinado por um religioso fanático por ter assinado um acordo de paz devolvendo parte da Cisjordânia ao controle palestino.

Jeová e Alá à parte, em termos políticos a região está dividida em três áreas.

Na menor, com três por cento do território, o controle civil e militar é palestino. Judeus civis são proibidos de entrar em cidades como Ramalá, Nablus, Belém e Jericó.

As locadoras em Jerusalém não alugam carro para quem pretende entrar na Cisjordânia. E caso o turista vá com o carro de algum amigo, deve colocar um turbante preto e branco, aquele popularizado por Yasser Arafat, sobre o capô; caso contrário será confundido com um israelense e apedrejado nas estradas.

A medalha tem dois lados, todos sabem.

Quando o turista chega a um posto de controle, recomenda-se retirar o turbante para não ser confundido com um palestino e levar alguns tiros.

Na terra dos deuses, tolerância zero.

Na outra área, com vinte e sete por cento do território, o controle civil é palestino e o controle militar é israelense. Aqui não se sabe quem manda. Então, para facilitar, é melhor obedecer aos soldados israelenses, que usam armas; já que os palestinos não podem andar armados. Na dúvida, fique do lado mais forte.

Na maior área, com setenta por cento do território, o controle civil e militar é israelense, incluindo a malha rodoviária. Aqui, recomenda-se não piscar.

Se você estiver diante de um posto de controle da Força de Segurança de Israel, como este na estrada Jerusalém/Hebron, que dá acesso a Belém, evite pestanejar.

Deixo o muro às minhas costas.

Sem respirar.

Entro na Cisjordânia a pé.

Estou no Gueto de Belém.

Pego um velho táxi árabe até o centro da cidade. A tensão israelense é trocada pela alegre barganha com o taxista, que acha que pode falar mais alto que eu. Conheço a técnica, usada no mundo todo, para tirar dinheiro de turistas amedrontados.

O valor da corrida começa em trinta.

Termina em cinco.

Me sinto mais à vontade na Palestina.

# 26

## *Belém*

ELA TEM ESTRELA, sem dúvida. E vem de longe. No século XIV a.C. a cidade-Estado se chamava Beit Lahmu, depois Lahmu, deusa da proteção. No Velho Testamento aparece com o nome Efrata, local do nascimento do rei Davi e do sepultamento de Raquel.

Beit Lehem (em hebraico), Beit Lahm (em árabe), Bethlehem (em inglês) ou Belém (em português). Pouco importa: ela é o umbigo do mundo monoteísta desde que o mundo é monoteísta. Surgiu três mil anos antes de Joshua (Jesus, em hebraico) ter nascido e vem renovando a fé de hebreus, cristãos e muçulmanos ao longo dos séculos.

"Por aqueles dias, saiu um édito da parte de Cesar Augusto, para ser recenseada toda a terra."

Cada proprietário deveria declarar a sua terra para ser avaliada e taxada. Obediente, José deixou Nazaré e foi a Belém, onde tinha uns bens, mesmo com Maria grávida.

"E quando eles ali se encontravam, completaram-se os dias de ela dar à luz e teve o seu filho primogênito, que envolveu em panos e recostou numa manjedoura, por não haver para eles lugar na hospedaria."

Para os católicos romanos era a noite de 24 de dezembro, para os ortodoxos gregos era o dia 6 de janeiro e para os fiéis de confissão armênia era o dia 18. O ano, que deveria ser o zero da era Cristã, foi na verdade o quarto. Ou quinto, para gregos e armênios.

Não importa, todos estão certos.

Os próximos cem anos desta história todos conhecem. Ou deveriam.

Um século após a crucificação, o imperador Adriano, para impedir a expansão da nova seita religiosa, mandou fechar seus lugares sagrados. Sobre a gruta em Belém construiu um templo pagão, dedicado a Adônis.

Graças a essas medidas, os locais santos ficaram identificados. Adriano, por querer dificultar, facilitou a vida dos cristãos.

Três séculos após o nascimento de Jesus, quando o imperador Constantino adotou o cristianismo como religião oficial do Império Romano, ali estabeleceu a Igreja Oriental Ortodoxa. Por mais de mil anos a cidade cresceu como local de peregrinação, com mosteiros e igrejas brotando do chão por toda parte.

Belém se manteve sob o controle do Império Otomano até o final da Primeira Guerra Mundial, quando os turcos se renderam aos Aliados e a região se tornou um protetorado britânico. Eles incentivaram a volta dos cidadãos que estavam no exterior e deram nacionalidade aos judeus que moravam na cidade havia mais de dois anos.

Com a criação de Israel, os palestinos que viviam no território destinado ao novo Estado judeu fugiram para Belém. Foram criados numerosos campos de refugiados, onde a maioria vive até hoje, dependendo da ajuda humanitária internacional.

Mas há lugares piores.

Apesar da sua história de conflitos, Belém é considerada uma das cidades mais pacíficas do Oriente Médio. Vive do turismo cristão, que poderia ser maior se Israel permitisse a construção de um aeroporto no território palestino. Ou se os palestinos pudessem ter a sua própria moeda. Como está, os dólares e euros são trocados pelo dinheiro israelense. E a moeda forte é usada por Israel para importar armas e munição.

Para atirar nos palestinos, quando se revoltam contra a opressão israelense.

Começo minha visita pelo Centro da Paz, na Praça da Manjedoura, coração de Belém. Ironias à parte, foi onde o Exército de Israel instalou seu quartel-general em 2002, quando rebeldes palestinos se refugiaram na Basílica da Natividade, mantendo dezenas de fiéis como reféns.

Lembro das notícias: mais de cem tanques, perfilados na praça, emolduravam o quadro. O cerco durou 39 dias. Frei Antônio Marques Koneski estava lá, confinado.

A experiência foi dolorosa e apavorante. Os palestinos arrombaram as portas e entraram, armados até os dentes. Um homem, baleado no lado de fora, morreu dentro da igreja. O corpo ficou por lá quase uma semana até ser enterrado; já estava cheirando mal. Dentro da basílica não houve tiroteio.

A primeira semana foi terrível. Durante a noite o brasileiro e os demais franciscanos corriam para os porões do convento. Lá dentro, ficavam com medo tanto do Exército de Israel, bombardeando lá fora, quanto dos palestinos, que estavam ali dentro.

Depois da segunda semana, eles se adaptaram e viveram o drama sem maiores medos. Aqui é assim. Ou você se adapta ao ritmo dos acontecimentos ou deve cair fora. O problema é que, às vezes, não dá tempo de sair. Que o diga frei Antônio.

Que tem mais a dizer:

"Não adianta falar que amamos o próximo se não respeitamos o direito do outro. O que faltou foi o respeito entre hebreus e palestinos. Que o Brasil nunca tenha que sofrer o que esse povo sofre pela falta de respeito recíproco."

Frei Antônio é otimista, a história por aqui sempre foi assim. É só conferir.

Cruzo a praça e entro na mais antiga igreja em atividade no mundo. Mandada construir pelo imperador Constantino e concluída por sua mãe, Helena, manteve-se intacta por dois séculos, quando foi destruída por uma revolta dos samaritanos.

Reconstruída por Justiniano, mantém da igreja original, em estilo bizantino, a estrutura, com cinco naves divididas em quatro filas de onze colunas, e parte do mosaico que cobria o chão. As colunas com seus capitéis corintos estão lá, sustentando a igreja; os mosaicos posso ver sob o piso atual, uma espécie de porão.

Quando os persas invadiram Belém, só a igreja da Natividade foi poupada da destruição. Eles viram as figuras dos Reis Magos, representados no mosaico que decorava o frontão, vestidos em costumes persas, e atribuíram isso a um milagre do Todo-Poderoso. Seja quem ele fosse. Pelo sim, pelo não, deixaram assim.

Chegaram as mesquitas.

Depois os cruzados.

Eles mandaram diminuir o tamanho da porta principal para que os infiéis não pudessem entrar a cavalo na basílica. Mais tarde, a entrada foi diminuída ainda mais, para que os peregrinos tivessem quase que se ajoelhar para ingressar no templo, forma de homenagear a santidade do lugar.

O acesso à gruta onde Jesus nasceu, no porão da igreja, se dá por duas escadas laterais. Administrada pelos ortodoxos gregos, contém um altar sobre uma estrela de prata marcando o lugar exato do nascimento. Pendem do teto do altar, sobre a estrela, quinze lâmpadas de prata. Representam as diferentes comunidades cristãs. Em frente há o altar da manjedoura, onde Jesus foi colocado, e o altar dos Reis Magos.

Num dos cantos há a cadeira onde o papa sentou, quando esteve em Belém. O pessoal senta para tirar fotos, uma fila sem fim.

O local funciona como capela e na primeira vez que a visitei os padres franciscanos rezavam uma missa. Acompanhei a cerimônia num dos cantos da gruta, encostado na parede, mais creio que eles nem me notaram, tal o transe em que se encontravam.

A Gruta da Natividade é coligada com uma série de grutas. Em uma delas morou São Jerônimo durante trinta e cinco anos, tempo utilizado na tradução da Bíblia.

No complexo tão caro aos cristãos há também a igreja de Santa Catarina, onde os franciscanos rezam a Missa do Galo, transmitida ao mundo pela tevê. É, aquela mesmo, que a gente nunca assiste em casa.

Também!

Ela acontece logo depois da ceia, quando os presentes estão mais interessados em abrir os presentes.

Há uma polêmica no mundo cristão.

A Basílica da Natividade deve ou não ser restaurada?

O bate-boca tem sido grande, mas as diversas congregações que a administram não chegaram a um acordo. Enquanto isso, ela vem se deteriorando aos olhos dos peregrinos, mais turistas do que fiéis.

Percorro outras igrejas, uma mostra do mosaico cristão: Igreja Católica Grega, formada por ex-ortodoxos gregos que aceitaram a autoridade do papa, embora conservem a liturgia oriental; Igreja do Natal, primeiro templo luterano construído em Belém; Igreja Siríaca Ortodoxa, lar espiritual do siríaco, um povo cristão originário do sul da Turquia e do norte do Iraque, com língua e liturgia próprias, e por aí afora.

Outra parada obrigatória é a Mesquita de Omar.

Omar Ibn al-Khattab visitou Belém como enviado do profeta Maomé. Ele rezou na Igreja da Natividade e garantiu aos cristãos que a basílica permaneceria cristã. Mais: os cristãos, mesmo sob o controle islâmico, poderiam praticar a sua fé.

Mais de mil anos depois a Igreja Ortodoxa Grega doou um terreno seu, em frente à basílica, no outro lado da Praça da Manjedoura, para os muçulmanos levantarem um templo. Foi então construída a Mesquita de Omar.

Caso raro de tolerância, o que reforça ainda mais a intolerância na Palestina.

A estrela apontou para Belém.

Pena que os dois exemplos não floresceram.

# 27

## *Galileia*

QUEM ACHAR DIFÍCIL seguir os ensinamentos de Jesus pode, pelo menos, seguir suas pegadas. Sempre há uma esperança de se dividir algo com o Filho de Deus, nem que seja a estrada por onde ele passou. O que, pensando bem, não é pouco. Pisar onde Cristo pisou!

Evite apenas andar sobre as águas.

Há um roteiro na Galileia chamado Trilha de Jesus. Por ele os peregrinos têm contato com os locais santos do norte da Palestina, onde o nazareno passou boa parte da vida. O caminho cruza campos e colinas e pode ser percorrido a pé ou de bicicleta, a melhor forma de sentir o espírito da região.

Começa em Nazaré e termina no Mar da Galileia.

Atravessa os lugares sagrados do cristianismo, pequenas cidades árabes, ruínas arqueológicas judias, santuários islâmicos e campos de batalha dos cruzados, além de alguns kibutzim, a experiência socialista israelense que aos poucos vem sendo desativada. Há campings, pousadas e, se o peregrino for endinheirado, bons hotéis.

Vale a pena. Faz-se turismo e, ao mesmo tempo, paga-se um lote de pecados. Mas se você não tem pecados, como é o meu caso, pode ir de ônibus.

Passo ao lado do Monte Tabor, onde Jesus se transfigurou. Há no cume duas grandes igrejas, uma franciscana e outra grega, comemorando o evento.

"Seis dias depois, Jesus tomou consigo Pedro, Tiago e João, seu irmão, e conduziu-os à parte de uma alta montanha. Lá se transfigurou na presença deles: seu rosto brilhou como o sol, suas vestes tornaram-se resplandecentes de brancura. E eis que apareceram Moisés e Elias conversando com ele."

Os representantes da Antiga Aliança vinham prestar homenagem ao fundador da Nova Aliança. Deus apareceu em forma duma nuvem luminosa e confirmou Jesus como seu filho. Quando os apóstolos levantaram os olhos do chão, apenas Jesus permanecia na montanha.

Show!

Demais.

Em Canaã, visito a igreja construída no local onde Jesus fez seu primeiro milagre, transformando água em vinho durante um casamento. A capela franciscana contém uma jarra, tamanho gigante, do tipo usada pelo galileu. Dizem que muitos não acreditaram no milagre, alegando que o noivo guardara o vinho para o final da festa, quando a maioria dos convidados tivessem ido embora.

Pelo visto, o noivo não era bem-visto na comunidade.

Noivos são assim, despertam ciúmes e comentários maldosos. E se for amigo do Homem, então!

Em frente ao santuário um armazém vende o tal vinho de Canaã. Penso em comprar uma garrafa, mas provo e não gosto;

nada tem de celestial. Espero que o vinho feito por Jesus tenha sido de melhor qualidade. Pelo menos, melhor do que a água que os convidados do casamento estavam bebendo.

Passo por Tiberíades, a mais importante cidade judaica da região e uma das quatro cidades sagradas do judaísmo — as outras são Hebron, Safed e Jerusalém —, já às margens do Mar da Galileia (*Kineret*, em hebraico), e sigo costeando o grande lago. Alimentado pelo rio Jordão, é a principal fonte de água de Israel. Concentra em seu entorno os mais importantes kibutzim e está crivado de praias.

Algumas poluídas.

A melhor maneira de conhecê-lo, além de caminhar sobre suas águas, é usar um barco a motor, como fazem os menos ortodoxos. Outra, é contorná-lo. Pode ser a pé ou de bicicleta. De carro, não tem graça.

Chego a Tabat, o lugar mais bonito na Trilha de Jesus.

Visito a Igreja das Bem-Aventuranças, construída no monte onde o mestre pregou o Sermão da Montanha; a Igreja da Multiplicação, erguida sobre a pedra onde Jesus multiplicou cinco pães e dois peixes para alimentar cinco mil fiéis, todos famintos após ouvirem o Sermão da Montanha; e a Igreja de São Pedro, onde Cristo, após a ressurreição, confiou o comando da Igreja ao apóstolo Pedro.

Saindo da Igreja das Bem-Aventuranças há uma bela trilha, costeando o lago, que leva a Cafarnaum, o então povoado onde Jesus passou a maior parte do tempo durante as suas pregações. O trecho é curto, vale a caminhada, mesmo àqueles que não precisam pagar pecados.

Continuo minha peregrinação cultural sob um chuvisqueiro, uma pincelada especial na paisagem; a realidade estimulando a imaginação. Gosto disso, de sentir os vultos do passado em torno de mim. Assim me vou. Chego sozinho, todos se diluíram no lago. Vejo alguns se distanciando sobre as águas, tão sagradas como sempre foram.

Em Cafarnaum Jesus recrutou seus primeiros discípulos. Pregou na sinagoga e curou doentes, entre eles um leproso, o cervo de um centurião e a mãe de Pedro.

Textos rabínicos, comprovados por estudos arqueológicos, falam da forte presença cristã na cidade nos séculos que se sucederam à Crucificação. Cafarnaum cresceu, cobrindo as montanhas ao redor. Os árabes a destruíram, quando conquistaram a Palestina, e ela nunca mais voltou a ser habitada.

Praga islâmica também pega.

E como!

Visito as ruínas da antiga sinagoga e a moderna basílica construída sobre o que restou da casa de São Pedro. O piso da igreja, de vidro, nos permite ver as fundações da moradia, inclusive os mosaicos originais da sala onde Jesus recebia as pessoas para tratá-las do corpo e do espírito.

Alguns precisavam também de tratamento mental, mas esses a Bíblia deixa de lado. Jesus era filho de Deus, não de Freud.

Almoço num grande restaurante, à beira do lago, repleto de ônibus apinhados de turistas. Falo em turistas porque em momento algum, em toda a trilha, vi alguém rezando ou fazendo outra coisa que não fosse tirar fotos, falar alto e praguejar contra a chuva.

Como um saboroso "Peixe de São Pedro", peixe do Mar da Galileia, onde Pedro e os demais apóstolos pescavam enquanto Jesus, para impressionar os novos amigos, ficava caminhando sobre as águas.

# 28

## Via-Sacra

MEU PRIMEIRO DIA em Jerusalém, nunca vou esquecer. Nunca, por mais que viva, nesta ou em qualquer outra vida. Opa! Vamos ficar apenas nesta vida. E já é muito. O primeiro dia numa cidade, qualquer cidade, nunca esqueço. Imagina Jerusalém!

Consegue?

Não.

Tive muitos depois, dias e dias, viagem após viagem; mas a primeira vez que chego a Jerusalém é uma sexta-feira. Sexta-Feira! Para os judeus, preparação para o *shabat*, descanso total; para os muçulmanos, feriado. Mas para mim!

Veja.

Me cai do céu, assim meio que por acaso, a informação de que nas tardes de sexta-feira os padres franciscanos lideram uma procissão pela Via Dolorosa, percorrendo todas as estações. A Via-Sacra, que eu conhecia apenas dos quadros da igreja.

Chove muito, outro mistério.

O termo Via Dolorosa, como está escrito nas ruas de Jerusalém, nasceu no século XVI, fruto da piedade dos fiéis que visitavam a Terra Santa. Ele define o caminho que Jesus percorreu sob o peso da cruz, do momento em que foi condenado até o sepulcro.

Deveriam ter criado mais uma estação, a da Ressurreição. Um *gran finale* para uma história de mestre. Mas preferiram a resignação. Faz sentido, tudo a ver com a vida de Cristo, uma vida de dor e submissão. Obediência a Deus, acima de tudo.

A Via-Sacra lembra a dor e o sofrimento do Filho de Deus, dos seus parentes, amigos e seguidores. As crucificações eram comuns àquela época, crucificavam-se dezenas por dia, e para os estranhos parecia ser apenas mais uma. Parecia.

Mas não foi.

Teve gente que, por descrença, deixou de assistir à maior tragédia da Humanidade. Por sorte, nunca ficaram sabendo. Pelo menos é o que se presume aqui na Terra.

A Via Dolorosa inicia no local onde ficava a fortaleza Antônia, então palácio de Herodes, na esquina noroeste do Templo de Jerusalém, e termina no Calvário (*caveira*, em latim), onde hoje está a Igreja do Santo Sepulcro, o mais sagrado dos lugares cristãos.

O Convento da Flagelação foi construído sobre as ruínas da fortaleza Antônia, onde Pilatos interrogou e condenou Jesus. Há no pátio duas igrejas: uma marca o local onde ele foi condenado, a outra onde ele recebeu a coroa de espinhos. A procissão sai do outro lado da rua (Primeira Estação).

Vamos cruzar boa parte do bairro muçulmano. Os frades seguem na frente, com seus alto-falantes à bateria, puxando o terço. Rezam em latim, em inglês e espanhol. Nada de hebraico nem árabe. No princípio, estranho. Acho que todos estranham.

Mas os franciscanos não abrem mão do latim, língua que só eles entendem. Deve ser para manter o mistério.

Para os donos das lojinhas, a procissão traz prejuízos: interrompe o movimento. Depois os fiéis voltam e compram tudo que veem pela frente, aí os comerciantes sorriem; mas quando passamos ficam de cara amarrada. Tudo muito natural.

O povo é eclético, vê-se pelas roupas: vem de todos os cantos da Terra. Há uma profusão de capas e guarda-chuvas, mas outros fazem questão de se expor ao relento. Há pessoas descalças, alguns levam ex-votos. Um que outro carrega uma cruz de madeira, estilo Jesus. Acho o máximo. Plasticamente, fica bem.

Existem lojas especializadas no aluguel dessas cruzes. O fiel escolhe o tamanho de acordo com o seu pecado. Ou com a graça alcançada. Tanto faz, um é consequência do outro. O preço é proporcional. Jesus preferia os puros de espírito, pois deles seria o reino do céu; já os comerciantes preferem os pecadores.

Paramos embaixo do Arco do Ecce Homo, a Segunda Estação. Um dos freis lê a passagem bíblica identificada com o local, todos prestam atenção. Estamos comovidos.

Os peregrinos nomearam o arco com as palavras pronunciadas por Pilatos quando apresentou Jesus ao povo. Trata-se da parte central do arco que Adriano mandou construir para celebrar a conquista romana de Jerusalém. A arcada esquerda desapareceu, a direita cai sobre o coro da igreja das Irmãs de Sião.

Na igreja existem vestígios da antiga pavimentação romana, o Lithostratos, por onde Jesus passou. Algumas lajes conservam sinais de jogos de dados, dos dados utilizados pelos soldados para repartirem entre si as vestes do pobre condenado. Os soldados, talvez, fossem mais pobres que Jesus.

Pobres homens!

Não sabiam o que faziam.

Retomamos a ladainha. Há muita gente, eu fico para trás. Policiais israelenses, alguns armados em excesso, outros à paisana, protegem o cortejo. As armas impressionam. Armas sempre me impressionam. Negativamente. Uma espécie de falência do bom-senso. Mas elas existem, desde os tempos de Jesus. E vão existir por muito tempo, enquanto houver desconfiança entre os homens.

Isto é, sempre.

Passamos pelo local onde Jesus esteve preso e lá me vou, em meio à multidão, rua abaixo. Um garoto palestino, alheio à consternação dos peregrinos, desce com um carrinho de madeira carregado de mercadorias, forçando as pessoas a se encostarem às paredes da ruela para não serem atropeladas. Que coisa!

Os policiais olham sem intervir.

Basta um fósforo para explodir um barril de pólvora.

Chegamos à rua al-Wad, que vem da Porta de Damasco, e dobramos à esquerda. Na esquina, uma capela construída pelos soldados de cavalaria católicos polacos marca o lugar onde Jesus caiu a primeira vez. A Terceira Estação pertence ao Patriarcado Armênio Católico, uma das tantas seitas cristãs entre as quais foram loteados os lugares santos.

Elas precisam se justificar perante os fiéis. E nada melhor do que proteger um dos lugares por onde Jesus passou. Uma boa maneira de se sentir útil. E dar sentido a uma vida com pouco sentido.

Vá lá.

Na Quarta Estação um pequeno oratório, com um baixo relevo, indica o lugar onde Jesus encontrou a mãe. Imagino a cena. Crenças à parte, deve ter sido um momento de desespero, em especial para Maria. Pobre mãe. Que missão ser mãe do filho de Deus. Que sofrimento.

Talvez, menos para Jesus, sabedor de que a profecia precisava ser cumprida.

Mesmo assim, no último momento ele se rebelou, ao perguntar ao Pai por que o abandonara. Na cruz, Jesus se humanizou.

Chegamos à rua Aqabat at-Takiya e dobramos à direita. A capela na esquina marca a Quinta Estação, onde Simão de Cirene ajudou Jesus a carregar a cruz. Iniciamos a subida do Gólgota por uma escadaria rua acima. Naquela época, deveria ser um simples caminho esburacado levando ao topo da montanha.

A pequena Igreja armênio-ortodoxa, onde Santa Verônica está sepultada, marca a Sexta Estação. Foi construída no local onde ela encontrou Jesus, secando-lhe o rosto. O véu de seda, com as feições de Cristo, está na Basílica de São Pedro, em Roma.

Um pouco acima, na esquina da Aqabat at-Takiya com a Souq Khan as-Zeit (rua do Mercado), uma capela protege a coluna onde Jesus caiu pela segunda vez. É a Sétima Estação. A chuva para, o movimento volta ao mercado.

Entramos no bairro cristão.

Vendedores saem das lojas com as mãos cheias de suvenires, quinquilharias de todo tipo, e atacam os romeiros para vender seus produtos falsificados. Pior: alguns param, escolhem, pechincham e compram. Depois, correm rua acima para não perderem as rezas.

Os vendilhões do templo sobreviveram a Jesus.

Graças aos seus fiéis.

Na Oitava Estação uma pequena cruz gravada na parede do convento dos Joanitos lembra o encontro de Jesus com as mulheres piedosas de Jerusalém. Ele avisou que elas não deveriam chorar por ele, mas por elas mesmas e pelos seus filhos. Parece que ele tinha razão. Quanto ódio foi lavado com as lágrimas das mães de Jerusalém, chorando por elas, por seus filhos e pela cidade. E de nada adiantou.

Impossível escalar a parede do convento, menos ainda cruzá-la para sair do outro lado, onde está a Nona Estação. Então, fazemos uma volta para chegar ao Mosteiro Etíope. No interior do convento abissínio uma coluna romana, ao lado da entrada, indica o ponto onde Jesus caiu pela terceira vez.

As próximas estações estão dentro da Basílica do Santo Sepulcro, logo adiante.

É muita emoção para um único dia.

Nem mesmo Roberto Carlos aguentaria.

# 29

## Basílica do Santo Sepulcro

O ALBERGUE NÃO ERA dos melhores, embora a propaganda na internet dissesse o contrário. Nem dos mais baratos. Mas tinha uma vantagem: a localização. Estava a poucas quadras da igreja, o que me permitia visitá-la antes do café. E o principal: antes da chegada dos ônibus repletos de turistas.

Como tem!

Não sei de onde sai tanto cristão.

Muitas vezes ajudei os franciscanos a varrerem a igreja, limpando o piso para a multidão que logo chegaria. Uma espécie de purificação para receber os pecadores com suas lágrimas, lamentos e preces de esperança. O que, enfim, santificava o lugar mais do que qualquer intervenção divina.

As lágrimas humanas, repletas de piedade, justificam Deus.

O Santo Sepulcro é o lugar mais sagrado de Jerusalém, responsável pela maior parte do turismo religioso na cidade. Ali a história se entrelaça com a lenda, a piedade popular se une à fé religiosa; peregrinos e turistas se misturam com o mesmo fervor, cada qual em busca da sua relíquia. Aberto a todas as pessoas, de qualquer crença, como deveriam ser todos os lugares santificados, tem em torno de si uma aura de emoção. Ninguém passa incólume, por mais à toa que seja.

Na época de Jesus o Monte Gólgota (*caveira*, em aramaico, a língua que Jesus falava) era assim chamado porque se dizia que a cabeça de Adão ali estava enterrada. Ficava no lado de fora da Cidade Murada, então bem menor do que a atual, e era lá que crucificavam os condenados.

Para que todos vissem. As execuções deveriam ser didáticas, o povo iletrado precisava ver como a justiça do Império varria da face da terra seus inimigos. Para sempre.

Às vezes, claro, não dava certo; e o inverso acontecia.

Adriano, na sua luta para tornar inacessíveis à nova seita seus lugares mistificados, mandou construir no Gólgota o Foro e o Capitólio da Aelia Capitolina. O templo foi dedicado à tríade Júpiter, Juno e Vênus; os dóceis deuses dos reis.

Queriam acabar de vez com o culto ao deus dos joões-ninguém, o filho do carpinteiro que mesmo morto liderava aquela plebe, que por não ter em quem acreditar acreditava no inacreditável: alguém que depois de morto ressuscitou.

Fazia sentido.

Para os romanos.

Por algum motivo que nunca foi explicado, os construtores de Adriano não aplainaram — como deveriam fazer — o topo da montanha, onde haviam sido cavados os sepulcros. Em vez disso, apenas cobriram as cavernas com terra, construindo os templos sobre o aterro. Os engenheiros romanos devem ter pensado que haviam feito o suficiente para soterrar as novas crendices, um formidável erro de cálculo.

Dois séculos depois o mito permanecia insepulto.

Helena, Santa Helena, mãe do imperador Constantino, mandou destruir o Capitólio para que se encontrasse o túmulo de Jesus. Busca daqui, busca dali, as escavações deram resultado. Graças à arrogância — para não chamar de burrice — dos romanos, o sepulcro estava intacto. As cruzes, onde Jesus e os dois ladrões foram pregados, jaziam em um fosso lateral.

Assim contam.

E se o povo conta, eu acredito. A voz do povo é a voz de Deus. Ou Deus não é uma criação do povo?

Constantino, como era de se esperar, não perdeu tempo: mandou construir uma igreja no local. Adriano e Constantino, dois grandes imperadores romanos, passaram à história por atitudes opostas: um, por destruir os lugares cristãos; outro, por reconstruí-los.

A história é feita de contradições. Sempre foi, sempre será. Dependendo do lado em que você fica, passará à história como herói ou como bufão. O problema é que isso se saberá apenas no século seguinte. Às vezes, depois.

Mais três séculos se passaram, até a chegada dos persas, que destruíram a igreja. Naquela época, isso era moda. Quando uma nação perdia uma guerra, o seu deus caía junto. Ainda não tinham inventado o ateísmo, isto é, o Estado laico. Um poder incólume aos fracassos ou vitórias de Deus.

A igreja foi reconstruída tão logo os persas se foram.

Isso também era moda.

Quando os árabes tomaram Jerusalém, o califa Omar foi convidado a rezar na basílica, já que para o Alcorão Jesus foi um importante profeta. Ele tinha o cristianismo como precursor do islamismo, mas mesmo assim não aceitou o convite, e com razão: alegou que, se o fizesse, os seus seguidores transformariam o templo numa mesquita.

Não dá pra imaginar.

Na virada do milênio, outro califa, el-Hakem, o maluco, não foi tão sábio: simplesmente mandou destruir a igreja por completo. Com todo o seu acervo. Além de pancada, o sujeito era burro.

Desculpe-me o burro, não quis ofendê-lo.

Sem dinheiro para reconstruí-la, a comunidade cristã de Jerusalém precisou esperar pela ajuda dos bizantinos. Que demorou. Mais do que o esperado. Mas que fazer? As igrejas sempre dependeram da boa vontade dos ricos e poderosos. Mesmo sabendo que é mais fácil um camelo passar pelo buraco de uma agulha, os ricos continuam tentando entrar no reino dos céus.

Haja perseverança.

Mesmo assim, a grana, que pena, não foi suficiente para reconstruir a basílica; então eles abandonaram a planta original e levantaram um templo menor. Esse foi o prédio encontrado pelos cruzados. Considerado modesto pelos novos senhores da Terra Santa, ele foi alterado e ganhou o formato atual: uma igreja cruzada construída sobre uma estrutura bizantina.

A basílica se manteve intacta por sete longos séculos, um recorde de longevidade na Terra Santa, quando foi avariada por um incêndio. Que até hoje se acha que foi criminoso. Depois um terremoto a danificou ainda mais.

Ali começou, para a cristandade, a intolerância na Terra Santa. Que ainda se pode ver em cada esquina, ou na face de cada pessoa; de todas as religiões.

As seitas cristãs, em conflito sobre quem deveria restaurar a igreja, deixaram-na avariada por décadas. Por fim, os reis gregos, rivais dos latinos, obtiveram autorização para refazer a basílica. Eles aproveitaram para reconstruí-la, apagando todas as referências do mundo latino.

Quer dizer: católico romano.

A Basílica do Santo Sepulcro, que deveria unir os cristãos, só tem feito desuni-los. Ela está dividida em seis partes, cada pedaço administrado por uma comunidade. Os católicos romanos, os ortodoxos gregos e os armênios controlam os maiores setores; os coptas, os sírios e os etíopes ficam com o que sobrou. O convento da comunidade abissínia, por exemplo, está no telhado da igreja.

Junto com os morcegos.

Mas não arredam pé.

Devido a tais rivalidades, as chaves da igreja estão com uma família islâmica desde a época de Saladino. Cabe a um muçulmano abrir e fechar suas portas a cada novo dia. Quem diria: os filhos de Deus, por não se entenderem entre si, buscaram ajuda junto aos filhos de Alá.

No topo do Gólgota, que fica dentro da igreja e se pode subir por uma íngreme escada lateral, existem duas capelas: uma católica romana, a outra grega ortodoxa. Na católica estão a Décima e a Décima Primeira estações, quando tiram as vestes de Jesus e o crucificam. No lado direito há um mosaico de Abraão segurando Isaac, ancestrais de Jesus.

Na capela grega está a Décima Segunda Estação, com Jesus morto ainda crucificado. Embaixo do altar se pode tocar numa rocha, e todos o fazem. Rápido, mas o suficiente para tirar uma foto. Um sinal de prata indica o lugar onde foi cravado o pé da cruz.

Alguns fiéis jogam pedaços de papel, por certo algum pedido aos céus. Outros, aqueles que acham que se pode comprar tudo, inclusive cadeirinha no céu, jogam dinheiro.

Cada um com sua fé.

A Décima Terceira Estação, entre a Décima Primeira e a Décima Segunda, marca o lugar onde Jesus foi retirado da cruz e seu corpo entregue a Maria. Deve ter sido o momento mais doloroso de toda a Via Dolorosa.

No térreo da basílica está a Pedra da Unção, onde o corpo de Jesus foi purificado com mirra e aloés. Ali Maria rezou sobre o filho pela última vez antes do sepultamento. Que dor!

Coração partido, rosto em lágrimas, deve ter orado a Deus para que o levasse a um lugar menos humano. É a Décima Terceira Estação. Os peregrinos derramam uma gotinha de óleo sobre a pedra calcária rosa e a raspam com um canivete, levando para casa a sagrada relíquia.

A Décima Quarta Estação é o Santo Sepulcro.

A edícula é formada por dois ambientes: no primeiro está a Capela do Anjo, com a pedra onde o Anjo estava sentado quando as mulheres chegaram e encontraram a tumba vazia; no segundo está a câmara mortuária.

Uma laje de mármore branco, com quase dois metros de comprimento por um de largura, cobre o sarcófago que pertencera a José de Arimateia. Ao lado, um quadro de Nossa Senhora esconde a entrada do primitivo túmulo cavado na rocha. Sobre a tumba estão penduradas 43 lâmpadas: treze católicas, treze gregas, treze armênias e quatro coptas.

Tudo bem dividido.

Cada peregrino tem alguns segundos para ficar lá dentro. Pior: além de o tempo ser curto, não dá para tirar fotos. Que desperdício! A não ser que você esteja hospedado ali perto e chegue antes dos turistas, na hora em que os freis varrem a basílica.

O centro da igreja se caracteriza por sua pesada iconóstase, que a divide em duas partes. A grande abóbada fica sobre o transepto e indica o ponto que muitos cristãos consideram o umbigo do mundo.

Ou o seu próprio umbigo.

O que, para alguns, aqueles que não entenderam nada, dá no mesmo.

Jesus deve estar se lamentando por ter morrido em vão.

# 30

## *Bairro Cristão*

ATÉ QUE ENFIM. Logo explico, vamos primeiro conhecer o bairro, o local onde há mais cristãos por metro quadrado em todo o planeta.

Os cheiros são familiares, sem contar as ruas limpas. Lojas de suvenires religiosos em vez de minimercados, ferragens, açougues, confeitarias e armarinhos. O comércio atende mais aos peregrinos que aos moradores, como no Bairro Muçulmano.

Mas a ganância é a mesma.

Se não for maior.

O movimento em torno da Basílica do Santo Sepulcro se espalha pelas ruas laterais. Há gente de boa parte do mundo em busca do templo da sua congregação, pois ali estão as sedes de vinte comunidades cristãs com seus mosteiros, conventos, pousadas, escolas e escritórios.

Tão logo se entra pela Porta de Jaffa ou pela Porta Nova, os nomes das ruas já dão o clima: rua do Patriarcado Latino, rua do Patriarcado Greco-Católico, rua São Francisco, rua do Patriarcado Greco-Ortodoxo e por aí se vai.

Mais as igrejas.

A Igreja Ortodoxa Grega de São João Batista é a mais antiga de Jerusalém. Construída no século V e destruída no século seguinte pelos persas, foi reconstruída pelos cruzados. Foi ali que nasceram os Cavaleiros Hospitalares.

Ela tem a mais alta torre da Cidade Antiga, avistada de qualquer lugar e com a melhor vista dos arredores. Por uma módica contribuição eu posso subir até o campanário. Vale a pena, mesmo para quem vai contando degrau a degrau.

Um religioso sisudo me convence.

Decido enfrentar a escadaria, até ensaio os primeiros passos, mas o vinho do almoço me tira a força de vontade. O vinho ou o peso dos pecados, ainda não sei. Melhor pôr a culpa no vinho.

Então desisto.

Penso em pedir de volta o valor do tíquete, mas o padre já não está mais ali. Meu dinheiro se foi, como num passe de mágica. Que tipo ligeiro, o barbudo da batina preta.

Com esses sacerdotes não há Cristo que aguente.

Tem ainda a Igreja Cristã, primeiro templo luterano de Jerusalém; a Igreja de Santo Alexandre, sede da missão russa no exterior; e por aí se vai. Seriam igrejas comuns em qualquer lugar do mundo, mas não em Jerusalém. Que encanto de cidade.

Mais os mosteiros.

No Mosteiro Etíope os monges vivem entre as ruínas de um claustro medieval, edificado pelos cruzados no local da antiga basílica construída por Constantino. Guardam o túmulo de Santa Helena.

Os muros são pintados com cenas da Sagrada Família, de santos etíopes e da rainha de Sabá durante sua visita a Jerusalém, quando ela e o rei Salomão tiveram um filho. Por isso, a

Arca da Aliança foi levada para a Etiópia, onde está guardada nas igrejas esculpidas nas rochas.

Gosto da lenda etíope.

O monge me garante que é verdade.

Gosto mesmo assim.

Não há outro lugar onde o arcaico e o moderno convivam com tamanha harmonia. Onde a fé genuína e a pura fantasia se fundam nas mentes humanas mais sensíveis com tamanha frequência. Em Jerusalém vivemos o passado, o presente, o futuro e, quem sabe, outra dimensão; tudo no mesmo dia.

Por isso, há gente que chega como peregrino e sai se achando o próprio Messias. Há até um hospital psiquiátrico na cidade, especializado em cuidar desse povo. A cada ano mais de duzentos pacientes são internados, um quarto deles sem antecedentes clínicos. Depois que passa a síndrome, a chamada Síndrome de Jerusalém, essas pessoas ficam constrangidas e não falam mais no assunto.

Não é o meu caso. Pelo menos, por enquanto.

Acho.

Bem, enfim chego a outros lugares que aprecio no Bairro Cristão: pizzarias, bares e restaurantes, onde se podem beber vinhos e cervejas típicas de Israel.

Ou de qualquer outro lugar.

Em uma das vezes que estive numa dessas pizzarias, em companhia do Nilo e do Nilinho, meu irmão e sobrinho, me deleitei comendo pizza à calabresa, tomando chope e fumando um puro cubano.

Embora não pareça, também sou filho de Deus.

# 31

## *Hotel Glória*

PEGUEI GOSTO pelo Bairro Cristão.

Pego a mochila e me transfiro para o Glória, único hotel dentro da Cidade Antiga, no centro do bairro, ao lado da Porta de Jaffa. Do terraço, onde subo para fumar meu Cohiba, vejo a Torre de Davi e o campanário das principais igrejas. O prédio é antigo, mas bem-mobiliado, em especial as áreas de lazer no térreo.

A comida e a bebida são boas, os quartos são limpos e seguros. A localização é perfeita. Os quesitos que mais aprecio num hotel me satisfazem. É bem mais caro que os albergues, mas ideal para uma última semana de viagem.

Pretendo regar minha peregrinação cultural com um bom vinho no jantar. Ou tomar uma cerveja no bar do lóbi. Após tanta abstinência alcoólica, havia chegado a hora de relaxar.

Eu havia me hospedado no Glória no ano anterior, com uns amigos de Porto Alegre, e a primeira pergunta que o garçom me fez foi se eles estavam comigo. Fiquei surpreso com o fato de o cara se lembrar de mim, ainda mais dos meus amigos, ausentes.

A pergunta seguinte esclareceu o mistério.

Ele queria saber se eu tomaria cerveja ou vinho. Se fosse cerveja, poria uma na geladeira; se fosse vinho, mandaria comprar uma garrafa na loja de vinhos antes que fechasse.

O bar estava em reforma, na parte onde ficam as bebidas alcoólicas. A geladeira do restaurante tinha apenas sucos e refrigerantes. Se os meus amigos estivessem comigo, ele estaria em apuros, pois daquela vez quebramos o bar.

Lembro que após o jantar descemos para o bar, no térreo. Havia um piano e um violão e o Vinícius e o Reginaldo nos brindaram com um show. Meus primos são ótimos músicos e a noitada prometia. Foi quando o garçom veio avisar que iria embora, precisava fechar a conta e o bar.

Decepção total.

O Régis sugeriu que, antes disso, ele servisse mais duas rodadas de cerveja. O Bolívar, mais precavido, pediu que o garçom trouxesse todas as cervejas que estavam na geladeira. Assim, não correríamos o risco de a festinha brasileira morrer no seco.

Deu certo.

Por isso, desta vez, tão logo me sento para jantar, o garçom vem perguntar pelos meus amigos brasileiros. Para alívio dele, estou sozinho.

Há um grupo de religiosos russos, me parece que essa é a especialidade do Glória, pois está sempre cheio deles, e o hotel preparou uma grande quantidade de chás, dos mais variados gostos. A medida foi bem aceita, todos me parecem felizes. Robustos, rosados e felizes.

Enquanto me sirvo no bufê, o garçom, meio sem jeito, vem me dizer que o mercadinho da esquina e a loja de bebidas do outro lado da rua estão fechados, assim não temos vinho nem cerveja.

Mas ele me franqueia a mesa do chá. Posso beber à vontade, nem preciso pagar.

Janto e saio emburrado.

A primeira vez que me ofendem no Bairro Cristão.

# 32

## *Bairro Armênio*

UMA PAUSA NA AGITAÇÃO para uma prece mais íntima. Por ali mesmo, sem ir longe. Entre a Porta de Jaffa e a Porta de Sião, no lado sudoeste da Cidade Antiga. Espremido entre a rua do Patriarcado Armênio-Ortodoxo e a grande muralha, quase um retângulo, está o reduto armênio.

Para a maioria dos que visitam Jerusalém ele passa despercebido. E não surpreende: se trata do menor e menos agitado dos quatro bairros em que a Cidade Murada está dividida. Ele se resume a pouco mais que um quarteirão em torno do mosteiro, onde vivem os religiosos. Parece estranho.

Por fora.

Por dentro, é normal que seja assim.

A Armênia foi o primeiro país a adotar o cristianismo como religião oficial, isso lá no ano 303. O reino armênio desapareceu no final do século IV — nada a ver com a religião — e a população adotou Jerusalém como sua capital espiritual. Desde então, eles têm ativa participação na comunidade cristã da cidade.

A perseguição turca aos armênios provocou a morte de mais de um milhão de pessoas, um dos maiores genocídios da História; uma história que poucos conhecem.

Vivem no bairro dois mil armênios, quando muito; quase isolados das outras comunidades. Eles têm suas próprias escolas, livrarias, restaurantes, igrejas e mosteiros. Moram em casas discretas, protegidas por muros e prédios mais altos.

Refugiados em sua crença.

Como se os cristãos ainda precisassem andar se escondendo.

A Catedral de São Tiago, o Maior, é seu principal templo, e um dos mais belos da cidade. O prédio, originário da época dos cruzados — pra variar! —, foi construído para lembrar Tiago, o Maior, primeiro discípulo martirizado. O irmão do evangelista João foi ali degolado no ano 44 por ordem de Herodes Agripa I, neto de Herodes, o Grande.

A brutal perseguição aos cristãos protagonizada por Herodes Agripa I agradava a classe sacerdotal, de quem o rei temia uma revolta em Jerusalém. Em uma época em que perder a cabeça não era força de expressão, matavam-se uns para apaziguar outros. Oferendas humanas eram concedidas aos próprios humanos.

O interior da igreja, adornado com lâmpadas pendentes do teto e tapetes cobrindo todo o piso, além dos altares trabalhados em ouro, passa uma aura de mistério e santidade. Ela conserva relíquias que provêm de lugares sagrados de Israel: deserto do Sinai, rio Jordão, Monte Tabor.

A catedral abre apenas quando há serviço religioso, ficando assim fora do circuito turístico. A indiferença dos apressados é a maior alegria dos armênios. Que podem rezar em paz. Talvez por isso a igreja exale um ar tão místico.

Assistir a uma dessas cerimônias, como a que assisti, é um presente divino. Comandada por nove religiosos paramentados, cabeças cobertas por altos capuzes, mais um coral com vinte vozes, todos cantando em armênio, me emocionou mais que as igrejas no Bairro Cristão.

Para mim, confusão nunca rimou com religião.

# 33

## *Vale de Josafá*

AINDA NÃO HÁ SINAL das pontes, nem onde suas cabeceiras serão fixadas. Mas elas serão construídas sobre o vale, ligando a Esplanada do Templo ao Monte das Oliveiras. E, quando a profecia se cumprir, os maus vão se dar mal.

Muito mal, pelo visto.

O Josafá (*Deus julgará*, em hebraico) será o palco do Dia do Juízo Final. Toda a Humanidade se reunirá no Monte das Oliveiras e Deus sentará no outro lado do vale, na Esplanada do Templo, sua antiga casa, e decidirá o futuro de cada um.

Baseado no passado.

Há no Monte do Templo uma grande mesquita, a Mesquita de Omar, mas isso não será problema. Para os judeus mais convictos, quando o verdadeiro Messias chegar, o Templo de Jerusalém reaparecerá, por encanto. Vi, em diversas galerias de arte no Cardo, a rua comercial da época romana, hoje no Bairro Judeu, pinturas desse Terceiro Templo.

Todos sabem que a fé remove montanhas. Não custa acrescentar, no caso, uma mesquita. Assim, quando Deus voltar para seu julgamento, poderá ocupar o Terceiro Templo, se instalando, de novo, na Esplanada do Templo.

Nesse dia, duas pontes aparecerão sobre o Josafá, uma de ferro e outra de papel. De acordo com o julgamento divino, as pessoas deverão cruzar por uma ou outra. Quando todos estiverem sobre elas, a de ferro sucumbirá ao peso dos pecadores, jogando-os no fundo do vale, lá embaixo. A ponte de papel resistirá, e levará seus ocupantes à vida eterna.

Quem refugar diante da ponte de ferro sentirá a ira de Deus. E vai preferir ter caído no vale. Porque o Deus dos últimos dias será o mesmo dos primeiros dias. Aquele que não poupou nem Moisés, o maior de todos os profetas hebreus.

Cuidem-se.

Basta olhar o vale para se perceber por que ele sugestiona a população de Jerusalém desde a época em que Adão e Eva engatinhavam. Talvez antes. É possível que o próprio Jeová tenha passado por suas ribanceiras antes de subir ao Monte do Templo para recolher, junto à Pedra da Fundação, a terra com a qual faria Adão.

Tu és pó e ao pó voltarás.

Lá no fundo do vale, poderia ter acrescentado.

Os túmulos de Josafá, São Tiago e Zacarias estão ao lado do Pilar de Absalão, uma lembrança do filho rebelde do rei Davi. Como ele não tinha filhos para perpetrar a memória do seu nome, "mandara erigir para si o monumento que se encontra no Vale do Rei".

Percorro a aspereza da paisagem, a escassa vegetação, as curiosas tumbas cavadas na rocha ou isoladas entre as oliveiras no dia mais quente do verão israelense. O sol do meio-dia solidifica o ar, criando miragens sobre o asfalto da avenida que corre paralela ao vale. O calor infernal acrescenta um toque irreal, uma ideia do próprio inferno. Se Deus quiser mesmo punir os pecadores, escolheu o lugar certo.

Impressionado com a brutalidade do terreno, passo boa parte da tarde vagando por ali, entre uma catacumba e outra.

Melhor ir me acostumando.

# 34

## *Túmulo da Virgem Maria*

A INDA EXISTEM mistérios em nossa alma. Por mais que sejamos racionais, certos momentos não se fizeram para serem racionalizados, mas sentidos. Vividos. Estão lá dentro, adormecidos, e basta entrar num prédio para despertá-los.

O túmulo da Virgem.

Um dos templos mais sagrados do cristianismo, suas linhas essenciais remontam à época dos cruzados. O despojamento da arquitetura realça o sentido espiritual, ao contrário do que se vê nas igrejas modernas.

Um monumento do século V, diversas vezes destruído e reconstruído, deu origem a uma igreja bizantina, sobre a qual se levantou a capela atual. Mas sua história começou bem antes, lá pela metade do primeiro século da era cristã, quando os discípulos a enterraram.

Além do túmulo da Virgem Maria, a igreja conserva em seu interior os sepulcros do marido, José, e dos pais, Ana e Joaquim.

Santa Maria, São José, Santa Ana e São Joaquim. Santa família, lado a lado, repousando na eternidade da fé cristã. Só não está completa porque o corpo do filho subiu aos céus. É o que dizem.

Difícil crer que o mesmo Deus que punia sem piedade através da espada dos seus reis e profetas pudesse unir-se a uma família tão harmoniosa e gerar um filho pacifista como Jesus. Pacifista, celibatário e desprovido de qualquer ambição material.

Vai ver que os deuses também evoluem.

Desço à sepultura de Nossa Senhora, na parte baixa da igreja, por uma longa escadaria. À medida que me aprofundo na gruta sobre a qual o prédio foi construído me vem a sensação de que me distancio do mundo profano, tal a sua espiritualidade.

Vera Janete sente a mesma coisa. Havia tempos não via minha irmã tão emocionada. Acho que é mal de família, duma família criada dentro do rigoroso espírito católico. Com lapsos de fé, pode ser, mas sem perder a esperança.

A capela é administrada pela confissão ortodoxa grega e seu altar compartilhado por armênios, sírios e coptas. Enriquecido com centenas de ícones e lâmpadas, o ambiente é de profunda consternação. Não dá mais vontade de sair.

Ajoelho-me diante da cripta e faço minha oração, observado por um velho padre com sua longa barba, quase uma pintura do guardião divino. Proteção desnecessária. Não consigo imaginar alguém, por mais maluco que seja, agindo com violência neste local.

Apesar de quê!

Em algumas das vezes que a visitei tive a sorte de assistir a corais religiosos cantando músicas em louvor à mãe do Filho de Deus. Outras vezes, tive ainda mais sorte: fiquei sozinho ali dentro.

De todos os lugares sagrados de Jerusalém, a igreja sobre o túmulo da Virgem Maria, ao pé do Monte das Oliveiras, é o que mais me emociona. Talvez porque, ficando fora da Cidade Murada, esteja longe do comércio, do burburinho do mercado e das hordas de turistas alvoroçados.

Talvez por algum outro motivo.

Que ainda não tenho condições de perceber.

# 35

## *Monte das Oliveiras*

O NOME PODERIA SER Monte das Mil e Uma Histórias. Ou mais, como se pode ver andando por suas encostas.

Vamos subir.

Devagar, um pé depois do outro.

Pra não cansar.

Começo a caminhada pelo Getsêmani, o jardim onde Jesus foi preso pelos soldados romanos. Em meio às oliveiras centenárias — três delas são da época de Cristo, conforme datação científica — está a Igreja das Nações, construída sobre a pedra onde ele rezou no dia anterior à Crucificação. Ela pode ser vista em frente ao altar, cercada por uma coroa de espinhos de ferro batido.

Olhar as oliveiras e pensar que elas já estavam ali na época em que Jesus caminhava pelo local é uma sensação incômoda. Para dizer o mínimo. Elas subvertem um pouco o mito. Associamos a vida de Cristo ao sobrenatural, a um reino de outro mundo; algo além da nossa racionalidade.

Mas as árvores, três delas pelo menos, contemporâneas a ele, são bem reais, e deste mundo! Deste mundo tão material.

Acredito no Jesus histórico, que ele tenha existido, e que tenha sido um pacifista exemplar, o maior de todos. Sua morte, de tão injusta, mesmo para a época, o lançou numa outra dimensão. Muito além das oliveiras do Getsêmani!

O testemunho das árvores humaniza o Filho de Deus — e o diminui.

No Monte das Oliveiras, tudo isso é só o começo.

Subindo.

Passo pela Igreja de Santa Maria Madalena, um prédio russo com belas cúpulas douradas em forma de bulbo; a Igreja do Dominus Flevit, onde Jesus chorou pelo destino da cidade; e a Igreja do Paternoster, sobre a gruta onde ele ensinou o Pai-Nosso aos discípulos. A oração pode ser lida em mais de cem línguas num grande painel.

Parada para meditação.

Durante as escavações para a construção dos alicerces da Igreja do Dominus Flevit foi encontrado um cemitério do ano 1500 a.C., uma das estruturas mais antigas de Jerusalém. Isso prova que o local já era sagrado para os moradores das redondezas antes de existir ali uma cidade, antes mesmo do nascimento de Moisés. Dá o que pensar.

Retomando a caminhada.

A árdua subida me leva à Mesquita da Ascensão. Sagrada para os muçulmanos, para quem Jesus foi um grande profeta, diz-se que são dele as pegadas numa pedra no piso do templo. Construída como igreja pelos cruzados, sobre uma antiga capela bizantina, foi comprada por dois seguidores de Saladino e transformada em mesquita, e desde então administrada pelos islâmicos.

Um pouco mais adiante está a Igreja da Ascensão. A torre, com 45 metros de altura, permite ver o deserto da Judeia. Penso em subir os degraus e conferir a informação do padre que me recebe à entrada do templo, mas desisto.

Estou andando ladeira acima desde o começo da manhã, já passa do meio-dia e o sol me derrete o corpo. Meus pecados cada vez ficam mais pesados. Transfiro a empreitada para quando voltar a Jerusalém no inverno. Ou quando os caras colocarem um elevador no campanário.

Sigo a peregrinação sem pensar em heroísmos.

Deixo as façanhas para os santos.

Por fim, chego à Igreja Russa da Ascensão, na parte mais alta do Monte das Oliveiras.

Os três prédios estão construídos no local onde os cristãos acreditam que Jesus se elevou aos céus. Tendo ele o poder que tinha, bem que podia ter feito isso no vale, lá embaixo, poupando seus futuros seguidores de tão árdua subida.

Talvez quisesse testar a força de vontade dos cristãos, sua fé e suas pernas. Os pecadores ficariam pelo caminho. No que me diz respeito, conseguiu. No dia do juízo final espero que esse sacrifício deixe a minha alma mais leve, já que a ponte será de papel.

Pelo menos alguns gramas.

Durante a subida pelas árduas encostas passo por inúmeros cemitérios judaicos, um misto de fé e exploração imobiliária. Para alguns, ser enterrado ali significa a possibilidade de ressuscitar primeiro quando o verdadeiro Messias chegar. Para outros, estar mais perto de Deus, algo que cresce de importância quando se está morto.

Para os mais vivos, a possibilidade de vender os lotes de terra mais caros em Jerusalém e, provavelmente, em todo o planeta. E tem dado certo: são mais de 150 mil sepulturas.

Cada um servindo ao seu senhor.

Mais antigo cemitério em atividade no mundo, passou por diversas fases, como tudo em Jerusalém. Quando esteve sob ocupação da Jordânia, muitas das suas pedras foram arrancadas e levadas para pavimentar ruas e estradas. Um hotel, que ainda existe, foi construído sobre os túmulos.

Se os mortos queriam estar ali para chegar mais rápido ao céu, os hóspedes só queriam uma bela vista de Jerusalém. Estes conseguiram, aqueles ainda não sabemos.

A vista da Cidade Antiga é belíssima. Pode-se ver, lá embaixo, a antiga Esplanada do Templo, hoje Esplanada das Mesquitas, onde brilha o domo mais que dourado da Mesquita de Omar e reluz o domo esverdeado da Mesquita Al-Aqsa, duas das mais sagradas do mundo islâmico. Um pouco atrás se vê o domo da Basílica do Santo Sepulcro. E espalhada sobre a cidade, uma saraivada de minaretes e campanários.

O Messias, quando vier, deverá entrar na Esplanada do Templo pela Porta Dourada, uma das sete portas da muralha que cerca Jerusalém. Então, para que a profecia não se cumpra, os muçulmanos a fecharam com pedras e cimento.

Mais tarde, alguém lembrou que sendo ele um deus, de nada adiantaria uma porta, por mais resistente que fosse. Bem lembrado.

Mas não há nada que desanime a fé islâmica. Se a montanha não vai a Maomé, Maomé vai à montanha. E a nova solução foi mais criativa.

Eles construíram ao longo da muralha em frente à Esplanada do Templo, em especial junto à Porta Dourada, um cemitério muçulmano. Sendo o Messias um rabino, tal qual os judeus imaginam ser, e como pela tradição judaica rabinos não podem cruzar cemitérios, essa seria uma medida mais eficaz para impedir a profecia.

Vale-tudo é pouco nestes vales e montes sagrados.

# 36

# *Bairro Muçulmano*

CAMINHAR PELO BAIRRO Muçulmano, o maior e mais agitado de Jerusalém, é voltar um pouco no tempo. Sem conhecer a história do povo árabe não se pode entender o que eles fazem ali, tão diferentes dos judeus e cristãos, embora sejam descendentes de Ismael. Todos netos de Abraão.

O passeio é bom.

Além das imprecisas fronteiras do Império Romano do Oriente, lá na península arábica, tribos nômades pagãs viviam de acordo com seus códigos e costumes: bravura, virilidade e solidariedade tribal. Adoravam diversos deuses, em especial um representado por uma pedra negra muito antiga, conhecido como Alá.

Ela estava, e continua, abrigada na Caaba, um templo em Meca, na atual Arábia Saudita. É o centro da fé islâmica no Mundo.

O resultado prático dessa crença era que a cidade estava protegida dos ataques das outras tribos, por ser sagrada. E prosperou. Com o tempo se transformou num centro de peregrinação do povo árabe.

Em 570, na tribo que controlava Meca, nasceu Maomé. Seu pai morreu antes do seu nascimento e sua mãe, quando ele era criança. Foi criado pelo avô e depois pelo tio. Ao casar com uma viúva rica, bem mais velha, se transformou num próspero mercador.

Liderando caravanas para a Síria, entrou em contato com o judaísmo e com o cristianismo, cujo Deus único já estava associado, na mente de alguns árabes, ao Alá da Caaba. O mundo começava a se globalizar.

Certa noite, enquanto meditava numa caverna, nos arredores de Meca, orando para Alá, Maomé entrou em profundo transe. Lá pelas tantas ele teve a visão de um ser etéreo, a quem mais tarde identificou como sendo o anjo Gabriel.

"Tu és o mensageiro de Alá."

Não podia ser mais direto.

Seguiu-se uma série de revelações. Memorizadas por Maomé e anotadas por seus seguidores, deram origem ao Alcorão, a bíblia islâmica.

Logo, como era de se esperar, vieram as acusações de plágio.

Os judeus o desprezaram de imediato, pois achavam a improvisação do anjo Gabriel um absurdo tão grande que dispensava explicação. Os cristãos, por sua vez, julgavam impossível dar crédito a revelações que reescreviam a história de forma tão arbitrária e ingênua.

Alheio à crítica, Maomé seguiu em frente.

O Profeta se transferiu para Medina, marcando o ano zero do Islã (*submissão*, em árabe), a nova religião. Tornou-se senhor absoluto da cidade em consequência dos ataques que organizou contra as caravanas dos mercadores vindos da Síria.

Além disso, estabeleceu poderosos vínculos com as tribos ao se casar com várias mulheres da nobreza local.

O velho Abraão era fichinha perto de Maomé.

Poderoso, voltou a Meca, sendo admitido na Caaba. A adoração à pedra negra foi a única concessão feita às antigas crenças. A seguir, formou um grande exército e uniu as tribos árabes sob a disciplina do Islã.

Mais ou menos como o rei Davi fizera com as tribos israelistas séculos antes.

Para Maomé, o Islã era a religião de Abraão ressuscitada impoluta e abandonada pelos judeus. Alá era o único e verdadeiro deus e ele o seu profeta. Como Moisés e Jesus haviam sido antes.

Maomé convertia pela espada e exaltava os guerreiros vitoriosos, a quem oferecia o resultado das pilhagens, concubinas e escravos. O número de seguidores aumentava dia a dia.

Algo que Cristo sempre condenou.

Mas vá lá.

A escolha de um sucessor (califa, em árabe) de Maomé foi disputada entre os diferentes membros de sua família e acabou levando à divisão do islamismo em sunitas (seguidores de Abu Bakr, pai de Aixa, a jovem esposa de Maomé, que se casou com ele aos nove anos) e xiitas (seguidores de Ali, marido de Fátima, filha de Maomé). Com a morte de Abu Bakr, outro genro do profeta, Omar, assumiu o cargo de califa.

Omar liderou os exércitos muçulmanos numa grande campanha. O Islã conquistou meio mundo: impérios, reinos e cidades, entre elas Jerusalém. A religião islâmica e a língua árabe ganharam status mundial.

Pausa para o almoço.

Há pequenos restaurantes espalhados pelas vielas do Bairro Muçulmano, onde se pode saborear a comida típica da cidade. Em um deles, sento numa mesinha e o garçom coloca na minha frente uma bandeja com pão *pita*, o nosso pão sírio. Isso, antes de eu fazer qualquer pedido. E um jarro com água.

Não sou muito adepto do pão, mas em Jerusalém se come pão ou se fica com fome. O mesmo vale para a água. Bebe-se mais por necessidade que por prazer. Se me desse escolher, optaria por uma taça de vinho.

Estou brincando!

O garçom traz diversos pratinhos, a começar pelas pastas. As principais são a *tehina*, de gergelim, e o *humus*. Depois vem o *falafel*, um bolinho frito cuja massa é feita basicamente de *humus*, e o quibe. Este, com carne bovina moída, veio em três versões: frito, cru e assado. O assado, conhecido como quibe de bandeja, é feito no forno, em tabuleiros. É o meu preferido.

Há mais dois pratos: um com legumes na salmoura e outro com um pedaço de frango assado. Sobremesa: *baclawa*, uma massa folhada recheada com amêndoas e pistache. Por ser muito doce, deixo de lado. Depois, na rua, compro uma porção de frutas secas cristalizadas, em especial tâmaras.

E dê-lhe água!

Continuemos nosso passeio por entre os árabes.

Quando os cruzados invadiram o delta do rio Nilo, os fatímidas, dinastia xiita que governava o Egito, pediram auxílio ao califa sunita de Damasco. Ele não só os auxiliou como tomou o poder, instalando no país uma nova dinastia, fundada por Salad ed-Din Yusuf.

Esse sim é o cara!

O sunita Saladino, como ficou conhecido, devido às suas constantes escaramuças com os cruzados, era instruído, refinado e hábil com a lança e a espada, como todo nobre árabe. Habilidades que os europeus logo descobriram.

Em pouco tempo, passou a ser visto como um modelo de bravura. Não só pelos maometanos, também pelos cristãos. As histórias de sua urbanidade e benevolência tiveram enorme impacto entre a nobreza europeia, que havia convertido em grosseiros demônios os infiéis islâmicos.

Em uma batalha perto de Jerusalém, quando o cavalo de Ricardo Coração de Leão caiu morto, Saladino recuou seu exército e enviou ao rei da Inglaterra outros dois vigorosos corcéis de presente. Só então ordenou que se reiniciassem os combates.

Essa imagem romântica dos árabes permaneceu no imaginário popular do Ocidente até o surgimento, há poucas décadas, dos extremistas islâmicos. Homens-bomba se explodindo mundo afora não fazem bem para a estima de um povo.

Cavalheirismos à parte, Saladino era, acima de tudo, um soldado. Caso precisasse, agia com requintes de crueldade. Sem constrangimentos.

Quando derrotou o exército do rei Guido, de Jerusalém, nas margens do rio Jordão, ele próprio degolou alguns prisioneiros nobres que haviam sido levados à sua tenda, entre eles um cavaleiro mercenário arrivista que vinha atacando os sarracenos por toda a Palestina.

O sultão deu ao pobre cristão a possibilidade de se converter ao Islã, escapando da morte. Ele riu na cara de Saladino, dizendo que era antes ele que deveria se voltar para Cristo. Ao ouvir tal insolência, o muçulmano sacou da cintura a enorme cimitarra e num único golpe decepou a cabeça do cruzado, fazendo o sangue escorrer entre os pés do rei cristão.

A seguir, o sultão mandou seus soldados decapitarem todos os Cavaleiros Templários feitos prisioneiros, por quem nutria um ódio histórico. E prometeu purificar a terra dessa raça impura.

No dia do aniversário da visita de Maomé ao céu a partir do Monte do Templo, Saladino fez sua entrada triunfal em Jerusalém. Embora a Igreja do Santo Sepulcro fosse deixada ao encargo dos cristãos ortodoxos, sua cruz foi tirada da cúpula e arrastada ao redor da cidade por dois dias, sob os golpes dos porretes dos muçulmanos.

Os cristãos, quando podiam, não ficavam para trás em maldades. A competição era ferrenha.

Liderada por Ricardo Coração de Leão, a cruzada tomou a fortaleza de São João de Acre. Saladino fora incapaz de levantar o cerco e a guarnição islâmica se rendeu. Os guerreiros árabes sabiam que seriam degolados, mas a rendição pelo menos evitava a morte de inocentes.

Impaciente com a demora de Saladino em pagar o resgate estipulado pelos soldados e civis aprisionados, atrasando a marcha da cruzada em direção a Jerusalém, o rei da Inglaterra mandou executar os 2.700 sarracenos, entre eles mulheres e crianças, todos decapitados pelos soldados ingleses.

A limpeza foi supervisionada pelo rei.

Tudo em nome de Deus.

Nos meses seguintes as forças do sultão e do rei se enfrentaram diversas vezes, mas nenhum dos exércitos era forte o suficiente para derrotar o outro. Estavam se matando em vão.

Fizeram um acordo.

O litoral da Palestina ficaria com os cristãos e o interior com os muçulmanos. Tanto uns quanto outros poderiam circular pelos dois territórios, visitando seus lugares sagrados.

Por um bom tempo deu certo.

O sultão al-Kamil, sucessor de Saladino, assinou um tratado de paz com o imperador Frederico II, da Alemanha, líder da nova cruzada. O Egito não seria atacado; em troca, Jerusalém, Belém, Nazaré e partes da Galileia voltavam ao domínio cristão.

Em Jerusalém, o Monte do Templo, com o Domo da Rocha e a Mesquita Al-Aqsa, antiga moradia dos Cavaleiros Templários, deveria permanecer em mãos árabes, com livre acesso aos maometanos.

Esse acordo só foi possível porque tanto o sultão quanto o imperador não eram homens religiosos. Estadistas memoráveis, intelectuais refinados, governantes de requintado discernimento, estavam apenas dividindo o mundo entre os dois, de acordo com as suas conveniências políticas.

O tratado desagradou tanto ao papa, em Roma, quanto ao califa, em Bagdá, além dos imãs muçulmanos e das ordens militares cristãs, para quem a derrota do inimigo infiel era mais importante que a sua própria vitória. Os radicais de ambos os lados, para quem a guerra contínua era a sua razão de ser, ficaram sem causa.

Mas não por muito tempo.

O Bairro Muçulmano, em Jerusalém, ainda exala essa tensão.

# 37

## *Haram Ash-Sharif*

SEMPRE A MESMA coisa, um horror. Cruzo pelo sistema de raios X, abro a mochila, sou revistado. Apalpado aqui, apalpado acolá. Eu e uma multidão de turistas. Os soldados israelenses são gentis, alguns bem jeitosos com as apalpadelas, mas ser tratado como alguém prestes a cometer um crime é desagradável.

Nas primeiras vezes até nos achamos importantes, capazes de fazer algo espetacular. Com o tempo, a rotina se torna enfadonha. Enfadonha e chata.

Por demais.

Gosto de imaginar o que me aconteceria se não me deixassem passar. Mas deixam. Um joão-ninguém a mais, um joão-ninguém a menos, não tem importância. Na terra de tantos deuses, um simples mortal serve apenas para dar serviço à segurança.

E eles adoram!

Liberado, subo por uma rampa em forma de túnel, por cima do Muro das Lamentações, e entro pela Bab al-Maghariba, única porta que não palestinos podem usar para ingressar no

Haram Ash-Sharif. Na hora de sair, sai-se por qualquer uma das outras oito portas.

Mas para entrar!

Há, em cada porta, um policial de Israel treinado para impedir o ingresso dos estrangeiros, inclusive judeus israelenses. Quando a regra é quebrada, Jeová e Alá entram em confronto. Não diretamente, que não são bobos nem nada, mas através dos seus seguidores.

A visita de Ariel Sharon ao complexo foi considerada provocação e deu início a um sangrento levante palestino, a Segunda Intifada. Palestinos armados com porretes, pedras e coquetéis molotov atacaram os soldados israelenses armados com fuzis, metralhadoras, tanques e helicópteros.

Pobre Alá.

Entrar na Esplanada do Templo, ou Monte do Templo, rebatizado pelos muçulmanos de Haram Ash-Sharif, provoca vertigem em qualquer pessoa, de todas as religiões; ou mesmo ateus. Não existem muitos lugares tão sagrados como esse.

Nem tão disputados.

Pensar nos milhões de peregrinos que ao longo dos milênios buscaram conforto neste santuário é rever momentos fundamentais da história humana. Pisar nas pedras centenárias, passar sob os arcos, beber em suas fontes ou descansar sobre os ciprestes me fazem um pouco parte dessa epopeia.

É de arrepiar até o mais insensível dos homens.

São doze hectares no topo do bíblico Monte Moriah, onde foram construídos os dois templos de Jerusalém, o de Salomão e o de Herodes. Mesmo destruídos o Primeiro Templo (pelos babilônios) e o Segundo Templo (pelos romanos), o lugar manteve sua aura sagrada. Roma construiu ali um templo dedicado a Zeus, mais tarde transformado em igreja pelos bizantinos. Que também virou ruína.

Com a chegada dos árabes na Terra Santa, os islâmicos ergueram sobre os escombros dos templos anteriores as mesquitas Al-Aqsa e de Omar. Elas estão ali desde o século VII, os prédios tendo sofrido pequenas variações.

Para alguns judeus, esse é um problema insolúvel.

Mas não para todos.

Com a Guerra dos Seis Dias o Exército de Israel assumiu o controle de Jerusalém Oriental, inclusive o Haram Ash-Sharif. O Oriente Médio viu então um gesto de grandeza humana sem igual desde a época de Saladino: o comandante Moshe Dayan devolveu a Esplanada das Mesquitas aos líderes islâmicos de Jerusalém.

Judeus extremistas não aceitaram a decisão do seu general e passaram a atacar os lugares sagrados muçulmanos, provocando distúrbios violentos entre os dois grupos religiosos. Por pouco não eclodiu outra guerra. O que, talvez, fosse a intenção deles. Algo que também deve ter sido visto com bons olhos por alguns palestinos radicais.

No final, prevaleceu o bom-senso. O Estado democrático de Israel não fez com as mesquitas o mesmo que os tiranos babilônios e romanos fizeram com os dois Templos de Jerusalém.

A tradição dos líderes locais, de conquistar para destruir, foi quebrada por Israel. A extrema segurança da esplanada busca preservar essa conquista.

Dá para entender as apalpadelas.

# 38

## *Mesquita de Omar*

DÁ GOSTO OLHAR, mesmo que só por fora. A imponente Mesquita de Omar é conhecida como o Domo da Rocha (*Qubbet al-Sakhra*, em árabe). Ela tem esse nome por sua cúpula dourada estar sobre a pedra de onde Maomé, vindo de Meca numa criatura alada, subiu ao encontro de Alá.

A Pedra da Fundação, ela mesmo!

Onde, entre outras coisas, Deus criou Adão e, mais tarde, Abraão iria sacrificar Isaac. Aquela sobre a qual foram construí-dos os dois Templos de Jerusalém. Não há pedra mais sagrada, nem mais incômoda, na história das religiões.

Uma pedra no sapato dos deuses.

Quando os árabes conquistaram Jerusalém, a antiga Esplanada do Templo estava coberta de caliça, lixo e estrume. Isso deu, à porta da Cidade Murada que dá acesso ao Bairro Judeu, o nome de Porta do Estrume. Por ela saía o lixo da cidade.

Identificada a rocha sagrada, embora Maomé nunca tenha citado a cidade em sua pregação, Abd al-Malik mandou construir sobre ela uma mesquita, encomendando a obra a arquitetos cristãos e bizantinos. A intenção do califa pode ter sido boa, mas o local não...

Eles aterraram o centro da esplanada, levantando uma plataforma com três metros de altura. O acesso é feito por meio de quatro escadarias. Os pórticos, apoiados em elegantes colunas, servirão para, no Dia do Juízo Final, Alá pendurar as balanças que irão pesar as almas.

Não sei se foi Alá quem encomendou os pórticos para colocar suas balanças ou se isso foi ideia dos arquitetos cristãos. Seja como for, estão lá, esperando a volta do deus islâmico.

Mais um juiz de almas. Só que esse, em vez de pontes, usará balanças. Me parece mais apropriado. Pelo menos, mais transparente. Nesse quesito, pelo menos, Alá se mostra mais democrático que Jeová.

Para a mesquita o califa queria algo tão imponente quanto a Basílica do Santo Sepulcro, porém mais luxuoso. De preferência com muito brilho. Bem ao gosto árabe. Nada de fachadas austeras nem interiores escuros.

Que copiassem apenas o domo.

Ela foi construída no centro do terreno, com suas paredes geométricas cobertas de mosaicos por dentro e por fora. O domo era de ouro maciço. Uma placa foi colocada em seu interior para lembrar o acontecimento. Dois séculos depois outro califa, al-Mamum, trocou a placa, dando o crédito da obra a ele próprio.

Não, califa não significa *cara de pau* em árabe.

Mas bem que podia.

No reinado do sultão Suleiman, o Magnífico, os mosaicos do interior foram substituídos por cerâmica esmaltada persa. O friso na parte superior externa conta a glória de Alá, obra do célebre calígrafo turco Mohammed Chafik. Na essência, o prédio mantém a planta da época de Abd al-Malik.

Vejam esta:

O domo original foi derretido e o ouro vendido por um califa endividado. O cara tirou de Alá, mas não deu calote nos seus credores.

O domo atual é recoberto com uma camada de ouro, presente do rei Hussein, da Jordânia. Comprado com o dinheiro de uma mansão que ele vendeu em Londres. Esse, pelo menos, não trocou a placa atribuindo a si a construção da mesquita.

A forma octogonal, a beleza das paredes azuis e o brilho dourado da cúpula fazem da Mesquita de Omar a marca registrada de Jerusalém, um dos prédios mais fotografados do mundo.

Embora seja difícil retratá-lo sem uma multidão na frente. Eu posso ficar na esplanada, como qualquer estrangeiro, até o meio da manhã, e parece que todos os turistas na cidade marcaram encontro à minha frente. O sol arde, mas os flashes não param.

Que coisa!

O interior da mesquita, formado por duas colunatas de doze pilares e vinte e oito colunas monolíticas retiradas de antigas igrejas, é iluminado por trinta e seis janelas. Abaixo dos vinte metros de altura do domo, e cercada por uma balaustrada de madeira, está a rocha tão cara a hebreus e muçulmanos. Ela tem a marca da mão do anjo Gabriel, gravada quando ele impediu que ela acompanhasse Maomé em sua jornada rumo ao céu.

O que não teria sido má ideia. Pelo menos, teria transferido a animosidade religiosa lá pra cima, e os deuses que se virassem. Seria um alívio.

Se bem que talvez eles a jogassem de volta pra Terra.

Embaixo da rocha alguns degraus conduzem ao Poço das Almas, a gruta onde todas as almas se encontrarão no Dia do Juízo Final, no aguardo para serem pesadas. Se o evento cair na mesma data para judeus, cristãos e muçulmanos, ora, ora, Jerusalém vai entrar em colapso. Não há lugar pra tanto pecador numa cidade tão pequena.

É provável que se tenha mais uma intifada. Não mais com armas, mas com palavrões, pragas e blasfêmias. Tipo o teu deus é falso. Falso nada, o teu é que é. Que nem uísque vendido no Paraguai. Ah, pior é o teu, que faz vinho de água. Pelo menos não rouba no peso da balança, enganando os justos. E o teu, então, que constrói pontes que desabam com as pobres almas.

Talvez, no final, se deem conta de que estão falando do mesmo deus. E tudo acabe em pizza. Com muito chope, pra todo mundo.

Dizem que o interior da mesquita é belíssimo. Dizem. Quase ninguém pode entrar. Não islâmicos, então, nem pensar. Eu gostaria de entrar. Nem tanto pela pedra, mas para ver o Poço das Almas.

Se o lugar for mais confortável que o Vale de Josafá, quem sabe!

# 39

## *Mesquita Al-Aqsa*

ABDALA ME PROMETEU que estaria ali na hora combinada, mas está atrasado. Espero que ele chegue logo, pois não posso ficar mais tempo assim, chamando a atenção com minhas roupas estranhas. Ninguém mais, além de mim, está vestindo calça e camisa. Apenas o turbante não é suficiente para me confundir com um muçulmano.

Está na hora.

Os alto-falantes chamam para a reza, uma das cinco preces diárias, obrigação de todo seguidor do Profeta. Hora de voltar-se para Meca, se prostrar, tocando os joelhos, as mãos e a fronte no solo, e rezar, os mais crentes capazes de recitar os noventa e nove nomes de Alá.

Nos primórdios do Islã, anunciava-se ao vivo a hora das orações. O muezim, escolhido entre os cegos, para não surpreender as mulheres nos terraços das casas com um olhar masculino, subia ao alto do minarete e lançava seu chamado ao céu, conclamando os muçulmanos.

Belas vozes assim se exercitavam, mediam sua potência, para deleite dos fiéis. A melodia casava bem com a paisagem provinciana, chegava às vezes a encantar os moradores de um bairro vizinho.

"Alá é o maior. Atesto que não há deus a não ser Alá. Atesto que Maomé é seu profeta. Venham orar. Venham salvar-se. Alá é o maior. Não há outro deus senão Alá."

Atualmente, as vozes são gravadas e transmitidas por alto-falantes, tirando o romantismo da reza. Mas não a ânsia dos fiéis em entrar o quanto antes na mesquita.

Abdala chega na hora certa e aproveitamos o corre-corre para colocar em prática meu plano. Alá é grande. Espero.

Meu amigo xiita retira a *gallabeya* da mochila e me passa ali mesmo. Em um gesto rápido, treinado no hotel, visto a túnica de algodão sem gola, toda branca, por cima das minhas roupas. Eu fizera algo parecido no Egito, para visitar uma mesquita no Cairo, e lá também dera certo. Deixamos os calçados na porta e entramos com a multidão.

Alá seja louvado.

Abdala e eu nos recostamos numa coluna, junto com alguns homens mais velhos, e fico apreciando a cerimônia. Ele reza, eu me mantenho calado. Não entendo nada, o imã prega em árabe, mas a paz e a tranquilidade valem o risco de ser descoberto e jogado para fora a pontapés, como já me havia acontecido na Índia, quando me pegaram num templo proibido aos não hinduístas.

A Mesquita Al-Aqsa é uma casa puramente de rezas, propícia para esse tipo de atrevimento. Abdala está nervoso, eu um pouco mais. Mas ninguém nota: todos estão mais eletrizados que nós.

Na extremidade sul da Esplanada das Mesquitas, Al-Aqsa marca o local mais distante de Meca visitado por Maomé. Seu interior é grandioso, tanto em tamanho como em histórias. Tem sete naves com noventa metros de comprimento por sessenta de largura. Pode abrigar cinco mil fiéis.

No momento, não há mais do que cem.

Al-Aqsa foi construída no local onde havia um mercado na época do Segundo Templo. Foi ali que Jesus expulsou os vendilhões, derrubando as mesas dos cambistas e os bancos dos vendedores de pombas, utilizadas nas oferendas.

"Minha casa é uma casa de orações, mas vós fizestes dela um covil de ladrões."

O homem, quando ficava brabo, perdia sua doçura divina.

Os cristãos alegam que a origem do prédio remonta a uma igreja bizantina, os muçulmanos dizem que ele foi mandado construir, já como mesquita, pelo filho de Abd al-Malik, responsável pelo Domo da Rocha, ali ao lado.

Os Cavaleiros Templários, na época das cruzadas, o confundiram com o Templo de Salomão, e fizeram seus próprios adendos. Destruída três vezes por terremotos, reconstruída a seguir e modificada ao longo da história, é uma das mesquitas mais importantes do Islã.

O *mihrab*, nicho na parede indicando a direção de Meca, é do tempo de Saiadino. As colunas de mármore de Carrara foram doadas pelo italiano Benito Mussolini e o teto pelo rei egípcio Farouk. Impressionam, mesmo que admiradas de esguelha.

O rei Abdullah, da Jordânia, foi assassinado ao lado de onde estou. Hussein, o neto e herdeiro que estava com ele, salvou-se graças a uma grande condecoração que trazia no peito. Vejo numa coluna os sinais deixados pelas balas, um exemplo da loucura humana.

E loucos há por todos os lados.

Na década seguinte, um cristão australiano ateou fogo no *minbar*, o tradicional púlpito islâmico — de onde o imã faz o sermão das sextas-feiras —, uma obra magnífica esculpida em madeira. O sujeito acreditava que Deus o havia mandado a Jerusalém para limpar os prédios do Monte do Templo de todos os sinais não cristãos, preparando o retorno do Messias.

Noto que a restauração do púlpito continua incompleta.

Termina a hora das orações e saímos com os fiéis. De fininho. Devolvo a túnica para Abdala, pago o aluguel, acrescento a gorjeta e escapo da Esplanada das Mesquitas pela Bab-as-Silsila, a porta mais perto.

Mesmo na Terra Santa, com a vigilância dos deuses e a segurança de Israel, não há porta, por mais sagrada que seja, que um punhado de euros não abra.

# 40

## As portas de Jerusalém

EM MEU ÚLTIMO dia em Jerusalém, na viagem que fiz para concluir este livro, resolvo fazer algo que sempre tive vontade. Por um motivo qualquer, fui adiando; mas agora decido encarar: dar a volta na cidade por cima das muralhas, tendo a visão que os soldados tinham nas épocas de guerra, quando lutavam para protegê-la dos ataques inimigos.

A grande muralha, com seis quilômetros de extensão e suas oito portas, é a principal característica de Jerusalém. Foi construída por Suleiman, o Magnífico, em 1542, ampliando o limite urbano. Os muros tiveram, em épocas diferentes, diversos formatos, sendo o atual o maior.

E mais bonito, pelo que se pode ver nas gravuras da época. Pelo menos, o mais sólido.

Os soldados israelenses, na Guerra da Independência, tentaram dinamitá-lo, para desalojar os jordanianos entrincheirados na Cidade Antiga, mas não conseguiram. Ao contrário dos cruzados, que invadiram Jerusalém abrindo um rombo no antigo muro.

A construção da muralha atual iniciou pelo muro norte, onde está a Porta de Damasco, que já existia antes de Cristo, e avançou para o sul, contornando o topo da colina. Os arquitetos responsáveis pelo traçado deixaram de fora o Monte Sião e o Mosteiro Franciscano, irritando o sultão, que os mandou decapitar.

Às sete portas originais foi acrescentada uma oitava, a Porta Nova, dando acesso direto ao Bairro Cristão. Com exceção da Porta Dourada, que os islâmicos fecharam para impedir a entrada do Messias hebreu, todas estão em uso.

A pequena Porta de Jaffa, originalmente destinada a pedestres, foi ampliada para o carro do kaiser Guilherme II passar com toda pompa, quando ele visitou Jerusalém. Ainda hoje automóveis entram por ali. Na parte interna, à esquerda de quem entra, estão as sepulturas dos arquitetos decapitados pelo sultão otomano.

Subo por uma escadinha junto à Porta de Jaffa e saio no topo da muralha. Ela é larga o suficiente para se caminhar e os locais mais estreitos estão protegidos por uma grade de ferro. Não há perigo, desde que não se tenha medo de altura. Apesar de ser um dos passeios mais bonitos da cidade, é pouco conhecido pelos turistas.

Sigo o sentido norte, costeando o Bairro Cristão.

Passo ao lado do hotel Glória, de um grande colégio lassalista, e dobro à direita, sentido nordeste. A vista é belíssima. Ao longe, a cidade moderna, com seus prédios de pedra branca, quase todos relacionados com as congregações religiosas representadas em Israel.

Pelo lado interno, muitas vezes é possível um olhar furtivo pela intimidade de uma moradia, uma escola ou mesmo um mosteiro. Neste canto residem as autoridades católicas na Terra Santa, com suas casas e escritórios.

Passo por sobre a Porta Nova e caminho até a Porta de Damasco, a mais importante entrada em Jerusalém desde que a cidade existe. Tem esse nome por ser o início da estrada que levava à Síria. Levava, nos velhos tempos. Na atualidade, israelenses e sírios só se encontram nos campos de batalha.

Posso ver, a partir das ruelas que se bifurcam lá embaixo, um amontoado de gente, em especial agricultoras palestinas, vestindo seus trajes típicos, vendendo chás e temperos aos transeuntes apressados. Sob os olhares atentos dos soldados israelenses, prontos para intervir.

Mais adiante está a Porta de Herodes. O nome foi dado pelos peregrinos por acharem que o prédio ao lado fosse o palácio de Herodes Antipas. Estavam errados, mas o nome ficou. Ela está a cem metros do local onde os cruzados romperam o muro, na conquista de Jerusalém.

A história sob os meus pés.

E que história!

Sigo mais um pouco para o oeste e dobro à direita, agora caminhando para o sul. Saio na Porta dos Leões. Ela dá acesso ao Bairro Muçulmano e tem esse nome por causa dos dois leões esculpidos nos lados dos arcos superiores. Foi por onde as tropas israelenses invadiram a Cidade Murada em 1967, tomando-a dos jordanianos.

Aqui o passeio se interrompe. Não é possível continuar sobre a muralha por questões de segurança: o próximo trecho passa ao lado da Esplanada das Mesquitas, onde está a Porta Dourada. Esse tipo de restrição sempre me aborrece, mas submeto-me à bestialidade humana.

Regresso pelo centro da cidade até a Porta de Jaffa, onde retomo a caminhada por cima da muralha, agora no sentido sul. Levarei uma manhã no trajeto. Uma interessante manhã, unindo-me à história de Jerusalém, sentindo pelo menos a vertigem que sentiam seus antigos defensores.

Passo ao lado da Cidadela de Davi. A altura dos muros impressiona. Posso ver, no horizonte, as colinas desérticas da Palestina, pontilhadas por casas espalhadas em meio ao terreno pedregoso. Ao pé da muralha, o bem-cuidado jardim armênio. Lá embaixo, avenidas repletas de automóveis.

Dobro à esquerda, sentido oeste, e saio na Porta de Sião. Ela liga a cidade ao Monte Sião, e foi construída para dar acesso ao Mosteiro Franciscano, que havia ficado do lado de fora das muralhas. Outro pedaço de história, desta vez cara a Israel.

Durante a Guerra da Independência, soldados israelenses tentaram entrar na cidade dinamitando o muro, cem metros a leste da entrada, mas não conseguiram. A batalha seguinte, junto à Porta de Sião, foi um desastre para Israel. Há um memorial, em homenagem aos soldados mortos, feito com as cápsulas das balas.

Mais adiante, continuando para oeste, surge a belíssima vista da Mesquita de Omar, com seu domo de ouro recortado contra o Monte das Oliveiras. É o toque islâmico na paisagem da Cidade Sagrada.

Desço na Porta do Estrume, que dá acesso ao Bairro Judeu. Por ela tiravam o lixo da cidade, acumulado no Monte do Templo, na época dos turcos. A entrada era bem menor, mas foi ampliada pela Jordânia para os blindados militares entrarem na Cidade Murada.

Assim como os judeus ortodoxos gostam de imaginar o surgimento do Terceiro Templo por um sopro divino, eu gosto de sonhar com uma nona porta em Jerusalém, por onde todos possam entrar e sair em harmonia.

Poderia se chamar Porta da Paz.

Mas essa, terá que ser construída pelos homens.

Este livro foi composto na tipologia Minion Pro
Regular, em corpo 11,5/16, e impresso em
papel off-white 90g/m² no Sistema Cameron da
Divisão Gráfica da Distribuidora Record.